JN058496

Academic Writing
for Economics &
Business Management

Yasuo Nakatani

経済学・経営学のための
英語論文の書き方

アクセプトされるポイントと戦略

中谷安男 著

中央経済社

はじめに

■ 英語論文には書き方の"戦略"がある

　毎年，大学の競争力を示す世界ランキングが発表されています。学部や大学院のランキングが分野ごとに公表されるため，どの国の大学も順位を少しでも上げるために努力しています。

　この評価にはさまざまな基準がありますが，やはり一番重要なのは，各大学の研究能力の高さです。これは，在籍する研究者の論文がトップジャーナルにどれほど掲載され，いかに高いインパクトファクター等を所持しているかが大きな影響を与えるのです。

　自然科学分野に比べると，日本の経済学・経営学分野の学部のランキングは世界で高いとはいえません。しかし，研究内容の水準が低いということでは決してなく，"英語による"論文執筆がネックとなっており，世界的なジャーナルへの掲載が伸び悩んでいることが，大きな要因の1つと考えられます。これは大変もったいないことです。

　実は英語がネイティブの大学院生にとっても，論文執筆はそれほど容易なものではありません。このためオックスフォード大学を含め，多くの大学は，ランキングの向上を目指して，戦略的にアカデミックライティングの講座やセミナーを開講しているのです。

　一方で，残念ながら日本の大学では，経済学・経営学の分野に特化した英文ライティングの学習法が確立されておらず，そうした講座も筆者が知る限りほとんどない状態です。

　そこで本書は，英語で論文を執筆し，国際的なジャーナルへの投稿にチャレンジしたいと考えている日本の研究者や大学院生の方々が，**論文採択のための戦略的な書き方を基礎から身につける**ことを目指しています。

　皆さんの素晴らしい研究成果が正しく伝わるように，ぜひこの戦略を活用し

てください。

■ 読者中心の英文のロジックを構築する

　論文執筆の戦略で特に重要なのは，英文のロジックの構築方法の習得です。ロジックとは，Reader-centered という，読者を中心に考え，わかりやすい文章を書く方法のことです。つまり，**いかに読みやすい文章を構築するか**ということなのです。このためには，**読み方のルールに沿って**相手に伝わるように書くことが必要です。本書は，このルールに基づいて戦略的な書き方を展開していきます。

■ 編集者や査読者の読み方に沿った書き方とは

　本書の最終的な目的は，経済学・経営学分野の国際的な学術論文に掲載される英文を書くことです。この際の読者とは，ジャーナルの編集者と査読者です。権威者であり，また非常に多忙な彼らは，読み方のロジックに沿って書いていない論文には，まず高い評価を与えません。

　査読者は，**ムーヴ（Move）**という一定の情報の流れに沿って読み，内容を確認するといわれています。ムーヴは IMRD（Introduction, Method, Result, Discussion の略語）の章によってふさわしい構成が異なります。この本では，それぞれのムーヴをどのように書けばよいのか，**「査読者の目線で」**詳しく説明しています。

〈本書の特徴〉

■ 大量コーパスデータを活用した科学的なアプローチ

　ここからは本書で紹介している戦略の根拠について説明していきましょう。

　筆者はこれまで多くの国際学術論文の査読を手がけてきました。

　また，英国オックスフォード大学で実施された社会科学論文評価プロジェクトのメンバーを務めた経験があります。さらに，オーストラリアやニュージー

ランドの大学院の博士課程の審査員も兼任しています。

　これらの経験が筆者のライティング指導に活かされています。しかし，それだけでは十分といえません。誰もが納得する戦略を構築するために，大量のデータを集めコンピュータ解析を行い，より客観的なエビデンスに基づいたコーパスデータ分析の手法を活用しています。

　コーパスデータ分析とは，大量の言語データをコンピュータに入力し，**文書の特徴を統計分析する「信頼性の高い」方法**です。具体的には，**使用頻度の高い特徴的な語彙や表現を抽出し，それらが論文のどこで，どのように使用されているのか確認する**ことができます。

　本書では，仮説検証型の論文に焦点を当て，以下のインパクトファクターの高い学術誌に掲載された論文100本を中心に，経済学・経営学の論文コーパスを独自に構築して分析しています。

・経済学系

American Economic Review, Econometrica, The Quarterly Journal of Economics, International Economics

・経営学系

Academy of Management Review, Academy of Management Journal, Strategic Management Journal, Journal of Marketing

すぐに使える使用頻度の高い効果的な英語表現や豊富な例文

　本書の執筆にあたって，先ほど紹介した学術誌の研究論文等から約150万語の大量のコーパスデータを構築し，米国英語・英国英語の代表的な文書コーパス200万語と比較検証しました。

　この結果から，論文の「IMRD」の各章に特徴的な語彙や表現を抽出しています。この分析をもとにして，先述の「Move」を構築するために，論文の「どこで，どのような表現を，なぜ使えばよいのか」わかりやすく解説しているのです。

　特に，査読者を説得するための62の戦略を示し，読み方のロジックを確立できるようにしています。

　また，240以上の例文を掲載しており，IMRD のどこで活用すればよいのかを説明しています。さらに，そのまま活用できる**各章の英文テンプレートも掲載**しています。該当部分に，自分の研究テーマを記入し英語論文を仕上げましょう。

〈本書の構成〉

■ Part 1　論文を投稿する前に必ず知っておきたいこと（Q&A）─あなたのお悩み解決編─

　筆者はこれまで多くの英語論文執筆の講演やワークショップを行ってきました。その際，参加者の方々からさまざまな質問や相談を受けましたが，その中で特に多かった課題を選りすぐって Q&A 形式でこたえていきます。例えば次のようなものです。

「時制（現在形・過去形・現在完了形など）をどう選択すればよいのか？」
「冠詞はどう使い分けるのか？」
「英語として自然な表現とはどういうものなのか？」
「研究成果をどう表現すれば効果的なのか？」
「先行研究をどのように引用するのか？」

などです。

■ Part 2　さぁ書き始めましょう─英語論文の書き方実践編─

　コーパス分析結果をもとに具体的な論文執筆を目指して解説しています。特に，IMRD の Move をどのように構築していくのかわかりやすく解説します。以下のような読み方のロジックに沿った戦略を構築していきます。

・Introduction：研究の設計図を示す
・Method：研究の妥当性と信頼性を構築
・Result：研究成果をわかりやすく報告
・Discussion：研究成果の新規性と分野への理論的貢献の訴求

　皆さんの関心や課題に応じて興味のある項目を中心に，ぜひ読んでみてください。

　読者の皆さんの素晴らしい研究成果が論文となり，ジャーナルに採択されるために本書が少しでもお役に立つことができれば，筆者にとってこの上ない喜びです。

著　者

　査読を始めると，議論の構成とおおまかな内容を確認します。構成は，研究論文の「ムーヴ（Move）」を構築することでわかりやすくなります。ムーヴとは，読者に情報の流れを効果的に伝えるディスコース・ストラテジーです。代表的なのは IMRD（Introduction, Method, Result, Discussion）の章ごとにまとめ，研究成果をわかりやすく伝える手法です。

　査読者は IMRD の各章が適切に書かれているか確認します。これは単に章を分けただけでは十分ではありません。各章に適合した内容のムーヴを確立する必要があります。本書の Part 2で，IMRD それぞれの書き方を詳しく説明しますが，ここでは必須の要素を簡単に見ておきましょう。

■ 研究内容を予告するのがイントロダクション（Introduction）

　Abstract だけでは，どのような研究なのか詳しくわかりません。そこで次に査読者が確認するのは Introduction です。この章の役割は研究の目的を明確に伝えることです。重要課題を提示して，それを解決するためには何が必要なのかを記載します。経済・経営のトップジャーナルでは，このように研究の価値を訴えるだけでなく，結果の示唆，および後に続く章の予告を書きます。**一言でいうと，研究の設計図です。**つまり，この章を読めば，十分に準備され，しっかりと計画された研究かどうかわかります。論文の書き出しの章で，読む価値があることを査読者に訴えましょう。

■ 研究の再現性を確認するのがメソッド（Methods）

　論文に記載された研究の目的を達成するために，最も適切な手法が用いられたのか確認します。その際に，論文を読んだ他の研究者が同じ状況下にあれば，同様の研究手法を行うことが可能かを重視します。具体的には，何を対象にした調査なのか，どのようなデータをいかに集めたのかを吟味します。さらにデータを分析した方法が適切か，**客観的に見て実験や調査に「再現性」があるかを判断します。**

■ 研究の結果を正確に伝えるのがリザルト（Results）

　査読者は，メソッドで報告された方法で得られた結果が，**わかりやすく適切に報告**されているかという観点からこの章を読みます。この際，図や表，または数式などが読者に見やすいかも確認していきます。

■ 研究領域への貢献を明確にするディスカッション（Discussion）

　他の研究者へ，該当領域の新たな発見や価値を報告するのが，ディスカッションの章です。特に，**これまでの研究成果と何が異なり，既存の理論に対してどのような変化をもたらしたか**について述べます。変化とは，特定の理論を補完したり，さらなる付加価値を付けたりすることです。また逆に，その理論の問題点や欠点を明らかにし，新たな理論の構築を目指すことです。

　ただし気を付けなければならない点は，これらはすべて論文で記載した研究成果に基づいて議論を行うことです。このために，ディスカッションでは，他の章にも言及し，一貫した成果に基づく主張であることも査読者に訴えます。

　さらに，他の研究者に対して，次に実施すべき研究課題の示唆を行う必要もあります。また，*Academy of Management Journal* の投稿規程によると，経営分野では，提出論文の中に，実社会への示唆も含めるほうが良いとされます。

　なお，ディスカッションの後に結論（Conclusion）を設定する書き方もあります。この場合は，研究成果のまとめと課題，および次の研究への示唆を抜粋します。

戦略3

忙しい査読者が読みやすいように IMRD を確立する
👍 議論の構成と研究の価値をわかりやすく伝える

■ 内容をどう評価するか

　各ジャーナルには，それぞれ査読者の評価基準となる詳細な観点があります。以下の５原則は，社会科学・自然科学・人文科学におけるトップジャーナルの投稿者向け規程，および査読者の規程に共通の項目を筆者がまとめたものです。

```
査読評価基準の５原則
　①　十分新規的な研究内容で興味深いか
　②　研究課題は重要か，端的に述べられているか
　③　研究の方法，理論の展開は十分か
　④　研究の結果に基づいた解釈や結論か
　⑤　理論と実践の関係の構築は十分か　　　（中谷，2016b，112-113頁参照）
```

　査読する論文は，どの分野も最低これら５つの観点から読み進め，不十分な点があれば修正を求めることになります。それでは提出する論文のどこで各評価基準に対応すればよいのでしょうか。

　まず，①の研究の新規性や興味深さは，イントロダクションで訴えます。次に，②の研究課題の重要性も，端的にイントロダクションに記載します。研究の方法や理論の展開を評価する③に対しては，メソッドで明確にしておきます。④は，リザルトとディスカッションで対応します。⑤の理論と実践の関係の構築については，ディスカッションで十分に議論します。

　論文を提出する前に，**IMRD（Introduction, Method, Result, Discussion）の各章が査読評価基準の５原則に対応している**のか確認しましょう。

```
戦略４
　査読評価基準の５原則を意識して論文を書く
　👍 IMRD の各章で適切に５原則に対応する
```

■ 忙しい査読者には読みやすい英文を！

　言語の明確さは，どのように判断されるのでしょう。これに関しては Gosden（1993）の興味深い研究があります。トップジャーナルの査読者への調査結果を基に，英文において最も重要視される下の2つの項目を示しました。査読者に読みやすく書くには，何が大切かわかりますか？

① logical and clear linking of sentences for the reader
② development of the topic from sentence to sentence in a coherent way

　解答は，①は読み手にとって論理的に明確でわかりやすく，各文が「結束（Cohesion）」していることです。具体的にはパラグラフ内の文同士を効果的に結び付けることです。②は，特定のテーマが「一貫性（Coherence）」をもって展開されていることです。このためにパラグラフ内のムーヴを確立し，読者を誘導します。言語の明確さのために，いかに結束と一貫性を構築し読みやすい英文にするのか，次のQ&Aで詳しく説明します。

Q3 読みやすい英文は どう書くのか？

A
- ☑ 各文を結び付けて流れを作る
- ☑ 文を既知の情報から始め前方の文と結束させる
- ☑ ピリオドの前に新規の重要な情報を書く

■ 査読者は英文に流れがないと読んではくれない

次のコメントは，インパクトファクターの高い学術雑誌に掲載を認められた論文の評価に関するものです。何が良かったのでしょうか？

"The paper is easy to follow and written in a flowing style."

「この論文はわかりやすく，流れるような文体で書かれている」点が評価されたということです。査読者はなぜこのようなコメントを書いたのでしょう。

英語論文を書き慣れていない人は，自分の意見を伝えることで精一杯です。残念ながら，査読者がどのように読むのか十分に考えていません。

一方，Q2で見たように，査読者は英語の明確さを確認します。忙しい彼らは，**論文の主張を早く理解したい**のです。そのためには，頭にスーッと情報が入ってこないと困ってしまいます。このように読みやすくするためには，英文の流れを作るストラテジーが必要となります。

■ 英文の流れの基本

次の英文では，読者にはどの部分が一番重要だと思いますか？ 最初の Our research，または動詞の follows，それとも終わりの部分でしょうか？

例文1　Our research follows a strategic management approach.
（我々の研究は戦略的経営アプローチに則している）

　正解は，文末の句である a strategic management approach です。以下にその理由を説明していきます。

　英文は「テーマ（theme）」と「リーム（rheme）」で構成されます。テーマとは，その文における「話題」で，リームとはその「話題の説明」です。日本語で言うと，テーマが主部で，リームが述部のようなものです。例えば**表1**でまとめているように，テーマは Our research で，リームは follows とそれに続く部分です。

　英文の原則は，このテーマの位置に，読者と共有している「既知（Given）」の情報を書きます。Our research は，提出された論文の研究であると，査読者はすでに知っています。リームの部分には，読者が知らない「新規（New）」の情報を記載します。**例文1**では，a strategic management approach の手法に従うことが，新しい重要な情報となります。表1は，この英文の基本的な情報の構成を示したものです。

［表1］ 例文1の情報の構成

テーマ	リーム
話題の提示	話題の説明
既知：読者と共有	新規：読者にとって新しく重要
Our research	follows <u>a strategic management approach</u>.

■ なぜ新規の情報で終わると読みやすいのか

　文末に書くピリオド（period）の役目を知っていますか。これは，**「止まれ」の合図**です。もしピリオドがないと，そのまま読み続けます。このような文は，Run-on sentence（無終止文）と呼ばれます。まさに読者は走り続けるように，読み続けてしまうのです。止まれの合図があれば，走者はその前でスピードを

落とします。これと同様に，読者もピリオドに向けて読むスピードを落として
いくのです。

　このように，ピリオドの前にある情報は，ゆっくりと時間をかけて読むこと
ができます。ここに，読者にとって新しい重要な情報を書いてあげると理解し
やすくなります。また，人は時間的な順番の後に来る情報の方をよく覚えてい
ます。このように，話題を説明するリームの後方に新規の情報を入れて書いて
ください。

戦略5

重要な情報を文末に置き読者に覚えてもらう
👍 話題を説明するリームには新しい情報が必要
👍 ピリオドの前に，読者にとって新規の重要な情報を書く

■ 文と文を結び付けるには

　談話を1つの文で行うことはほとんどありません。一般に，いくつかの文を
組み合わせて，相手に意図を伝えます。この**複数の文のまとまりをディスコー
ス（Discourse）**と呼びます。これに流れがあると読みやすくなります。そ
れでは，**例文1**にもう1つ文を加えた次のディスコースは読みやすいでしょ
うか？

例文2　Our research follows a strategic management approach.
Blade's theory for decision-making influenced the approach.
（ブレードの意思決定の理論がそのアプローチに影響を与えている）

　2文目の文頭に注目しましょう。Blade's theory というのは最初の文にない，
読者には新しい情報です。the approach は1文目と同じ内容ですが，2文目
の文末に来ています。このため**戦略5**の新規情報の位置に反しています。
　次の**例文3**のように，2文目を受動態に書き直せば読みやすくなります。

1文目の文末にある a strategic management approach を意味する The approach が2文目の文頭に来ます。このように既知情報を文頭に置くことによって，1文目と2文目が結び付き，読者はスムーズに移動できます。

例文3　Our research follows <u>a strategic management approach</u>.

新規

The **approach** was influenced by <u>Blade's theory for decision-making</u>.
既知　　　　　　　　　　　　　　　　　　　　　　新規

This **decision-making process** enhances <u>launching innovative products</u>.
既知　　　　　　　　　　　　　　　　　　　新規
（この意思決定のプロセスは，革新的な製品の商品化を促進する）

　一般に受動態は使わないほうがよいと言われていますが，実際にトップジャーナルの論文を集めて分析したコーパスデータでは使われていることがわかりました。ディスコースにおいて結束を作る際は，とても便利な構文となるからです。

　実際の例では，**例文3**のように3文目がありました。これも文頭に This decision-making process があり，2文目の最後の情報と結束していました。読者はピリオドの前でスピードを緩め，そこにある情報が次の文頭にあればスムーズに次に読み進めます。

　以上のように，ディスコースの各文の内容を既知から新規の情報に並べると流れができて読みやすくなります。

戦略6

文頭を結束させ流れを作る

👍 前文と同じ内容の情報を文頭に書き，読み手をスムーズに移動させる

👍 受動態は既知から新規の流れを作るのに活用できる

■ 結束させるのは前文の文末でなくてもよい

例文3 は各文の文末と，次に続く文の文頭が結束してスムーズな移動ができました。では **例文4** は，2つの文をいかに結束させているでしょうか。

例文4 A large supportive literature has evaluated its impact on the wage distribution. This literature has focused on skill-biased technical change.（多くの支持的な文献は，賃金の分配の影響を検証している。このような文献は，スキル偏向の技術的変化に焦点を当てている）

　正解は，1文目の文頭の A large supportive literature と，2文目の文頭の This literature が同じ内容で結び付いています。このように，文頭を前文のテーマにある，文の話題と結束させることも可能です。

　例文5 では，1文目の真ん中にある a task-based model と，2文目の文頭の This model が結束しています。

例文5 We attempt to integrate <u>a task-based model</u> of technical change in EU.

This model focuses on <u>the intensive margin of labor supply</u>.
　　既知　　　　　　　　　　　　　　新規

（我々は EU における技術変化のタスクに基づく<u>モデルの統合</u>を試みる。<u>このモデル</u>は労働供給の集中的なマージンに注目している）

　以上のように，ディスコースの2文目以降は，前方の文のどこかと結束する情報を文頭に書き，読者に既知情報で始めるのが基本原則となります。

■ エンド・ウェイトでさらに読みやすく

次の2つの文はどちらが読みやすいでしょう？

例文6

- We acknowledge the previous researchers for many valuable insights and suggestions.
- We acknowledge the previous researchers for many valuable suggestions and insights.

（我々は既存の研究者による多くの貴重な示唆や洞察を認識している）

　文末の insights と suggestions はどちらが先に来ても文の意味は変わりません。しかし，文末に並列する語彙が並ぶ際は，後により長い単語を書いたほうが読みやすくなります。読者は，ピリオドの前でスピードを緩めるため，そこに時間をかけて読める長い単語があるほうが理解しやすくなります。これを**エンド・ウェイト（End weight）**といいます。後ろに音節の多い重く見える語を置く戦略となります。

　このように英語では，日本語とは異なり，特有の情報の配置で読みやすさを構築します。次のQ4では，日本語と英語の意味の違いに注目します。

戦略7

エンド・ウェイトで読みやすくする
👉 文末に並列の情報がある場合は長いほうを後ろに書く

Q4 日本語で書いたものを 翻訳してはいけないのか？

A
- ☑ 日本語翻訳では含意が異なり査読者に通じない場合がある
- ☑ There is…は「～がある」の意味では使わない
- ☑ It is…は「それは～」の意味とはかぎらない

■ なぜ通じないのだろう？

英語の校閲サービスに頼んでみると文章が削除されたり，文意が不明として返却されたりした経験はないでしょうか。英語と日本語は，基本的には異なる文体をとります。特に大きな違いは，これまで見てきたように，英語では**文における情報の位置の役割**が重要になります。

上の解答にある，There や It で始まる構文は，日本人がよく使い方を誤解する表現です。これらは，日本語に適切に訳すことが難しいため，中学校の英語授業などでは，「ある」や「それ」と習ったのかもしれません。

実はこれらには，ほとんど意味はなく，英文における情報の配置を確立するために使われるのです。

■ There 構文は特定の情報を後方にずらし意味を強調する

英文で There の構文を使うのは，読者に強調したい情報を文末に置くためです。次の例を見てみましょう。 **例文7** ではリームの部分の最後に two different groups があります。これが読者に対して重要な情報となり，続く文は，異なるグループの説明が続くと思われます。

例文7　These developing countries belonged <u>two different groups</u>.
（これらの発展途上国は２つの異なるグループに属する）

　一方，**例文8** のように There are で始めると，それ以下がすべて重要な強調すべき内容となります。このように，There で始まる構文は，「〜がある」の意味で使うわけではなく，情報の配置を変える役割があるのです。
　この文では，さらに発展途上国についての説明が続くことになります。実例では，後に続く文は，下のように Some countries で始まっていました。**例文8** のように There 構文を使えば，後方に these developing countries が来るため，２文目の文頭の Some countries と結び付きます。**例文7** に比べると，読者が，よりスムーズに２文目に移動できます。

例文8　**There are** two different groups to which <u>these developing</u>
<u>countries belonged</u>.（２つの異なるグループに属しているのがこれらの発展
新規

<u>途上国である</u>）

Some countries intend to promote national independence.
既知

　このように，英文のディスコースでは文を強調したり，より読みやすくしたりするために There 構文が使われるのです。
　それでは **例文9** を There 構文で強調構文にしてください。

例文9　Several areas in our findings could be extended through further
research.
（我々の発見のいくつかの分野は，さらなる研究で発展させられる）

次の **例文10** のように There are を文頭に置くことにより，下線全体が強調したい内容となります。

例文10　There are <u>several areas in which our findings could be extended through further research</u>.
（さらなる研究により，我々の発見のいくつかの分野は発展させられる）

■ それでは，「ある」はどう書けばいいのか？

There の構文は日本語の「ある」の意味であまり使わないとしたら，どのような英語で「ある」ことを表現すればよいのでしょうか。これには，exist や hold などが適当だと思われます。

次の **例文11** では exist を用いて可能性が「ある」ことを表現しています。

例文11　Several possibilities such as herd behavior <u>exist</u> in the discount rates.
（その割引率には集団心理などのいくつかの可能性が<u>ある</u>）

一方，**例文12** では，債券市場に「ある」ことを hold で表現しています。

例文12　This consistency may <u>hold</u> in well-organized bond markets.
（この一貫性はよく組織化された債券市場に<u>ある</u>のかもしれない）

■ It 構文の使い方

There のように，強調構文として使われるのが It 構文です。次の **例文13** と **例文14** を比較してみましょう。情報の位置で意味が少し異なります。

例文13　The managers develop a good rapport easily with their staff.
（その上司たちは容易に部下と良い調和関係を築く）

例文14　It is easy for the managers <u>to develop a good rapport with his staff</u>.
（<u>部下と良い調和関係を築くのはそれらのマネージャーたちには容易だ</u>）

　例文14は It で始まり，重要な情報が後方へ集まっています。こうすれば，**例文13**に比べて，「よい調和関係を築くことが容易」であることがより強調されます。このような構文では It には「それ」の意味はありません。

　次の**例文15**は，It 構文を使うことにより，1 文目の文末の the customers と 2 文目の最初の They が結束している例です。このように特定の情報を文末にずらして読みやすいディスコースを作ることも可能となります。

例文15　It is necessary for our company to receive such information from <u>the customers</u>. <u>They</u> are opinion leaders in the market.（<u>その顧客たち</u>から情報を受け取るのが必要なことなのだ。<u>彼らは</u>市場のオピニオンリーダーである）

戦略8

There 構文と It 構文を使い読みやすくする
👍 これらを「ある」や「それ」の意味では使わない
👍 重要な情報を後ろにずらして，内容全体を強調する

■ had better は「したほうがよい」の翻訳ではない？

　グーグル翻訳で had better を訳すと「したほうがよい」となりました。それでは，次の2つの文はどちらのほうが，より強制力があるでしょう。**例文16**を日本語に訳すと，マーケティングマネージャーは，フェイスブックのバイラ

ル・マーケティングを製品に「活用したほうがよい」で，**例文17**だと「すべき」となるのでしょうか。

例文16　Marketing managers <u>had better</u> adapt their Facebook viral marketing strategy to their product.

例文17　Marketing managers <u>should</u> adapt their Facebook viral marketing strategy to their product.

　実は had better はかなり強制力がある英語表現で，must とほぼ同意味です。**例文17**は should を使った「あくまでアドバイス」ですが，**例文16**だと「しなくてはいけない」強制的な意味があります。ありがちな間違いですが，強い意味のある had better の使い方は注意が必要です。これも，日本語をそのまま翻訳してはいけない例となります。

チャレンジ問題1

　次の例文のディスコースを読みやすく変えてください。

To draw attention to several limitations of the previous literature on strategy implementation is important. Those studies tend to ignore how managers could ensure that the plan is on track.
　（戦略実施の先行研究のいくつかの問題点に注目することは重要だ。それらの研究は，上司が計画の進捗状況をいかに確認できるのか見逃している）

［解答は巻末に掲載］

Q5　文法は正しいはずなのに うまく伝わらないのはなぜ？

A
- ☑ 1文が正確でも他の文と結び付きがないと読みにくい
- ☑ 複雑で長い文こそ，既知から新規の情報の流れを構築する

■ 読み手の立場からの英文添削はしてくれない

　英文校正サービスなどを利用し，文法などに問題がないと考え論文を提出することもあります。ところが，査読者から「内容がわかりにくい」という評価が来たりします。確かに，一般の添削サービスや自動翻訳システムなどは，文の正確さまでは確認してくれます。しかし残念なことに，これらは，査読者の観点からの読みやすさまでは改善してくれません。

　英文においては，読者にとって既知から新規の情報に並べると読みやすいことを強調してきました。これは特定の句の情報でも当てはまります。

■ 句の位置も既知の情報から新規の情報に配列する

　文法が正確なだけでは十分でない例を見ましょう。 例文18 と 例文19 は，「リバティー百貨店の入り口では長い列ができていた」，という内容で，日本語の意味はあまり変わりません。異なるのは，at the Liberty department store という句が，文の先頭にあるか末尾にあるかです。

　このように副詞句は，場所や時間などの情報を加えて文を修飾します。副詞句は修飾する位置を変えることができ， 例文18 や 例文19 の1文だけでは，どちらが読みやすいということはありません。

例文18　There appeared the long line from the entrance **at the Liberty department store**.

例文19　**At Liberty department store**, there appeared the long line from the entrance.

　それでは，もしこの内容が以下の**例文20**に続く場合に，**例文18**と**例文19**ではどちらが読みやすい文となるでしょうか。

例文20　On the first day of launching the product, a lot of customers rushed to department stores.
（その商品の販売の初日に多くの顧客が百貨店に押し寄せた）

　正解は**例文19**を選んだほうが読みやすくなります。この文を続ければ，**例文20**の文末の情報 department stores の具体例である Liberty department store が次の文頭に来ます。これで**例文20**のように結束ができ，スムーズな移動ができます。このように**読み手の立場に立った書き直しは自分で行う**しかありません。校正サービスは，通常は読み手のことまで考えてくれません。

例文20　On the first day of launching the product, a lot of customers rushed to <u>department stores</u>.

新規

At Liberty <u>department store</u>, there appeared the long line from the

既知

entrance.

■ 句を効果的に使い文と文を結束させる

　句が文を結び付けるのに役立つ別の例を見ましょう。 例文21 の１文目に，時を表す During で始まる句があります。この句はこの例のように文頭でも，また文末にも置くことができます。しかし 例文21 のようにすれば，１文目の「販売合計が10倍になった」情報が後方に来ます。また２文目の As a result of で始まる句を最初に置くことで，「会社が急速に大企業になった」情報が前方に来ます。こうすれば，１文目の終わりと２文目の始まりが，意味的に同じ情報で結び付き，読みやすくなります。

例文21　During 1990 to 1999, <u>the total sales expanded 10 times</u>.

As a result of the company's rapid transformation into a big company, sectionalism had become a serious problem.（1990年から1999年の間に，販売合計が10倍になった。会社が急速に大企業に移行した結果，セクショナリズムが深刻な問題となった）

　それでは，次のディスコースを句の位置を変え読みやすくしてください。

Our model attempts to identify the demand parameters with occupational compensation. We calculate optimal tax policies during 2010s after obtaining these estimates.（私たちのモデルは，職業補償を伴う需要のパラメータを見つけようとするものである。その後で我々は2010年代に最適な税制を計算する）

　正解は 例文22 のように，副詞句の位置を前方に変えます。こうすれば１文目のリームにある「需要パラメータの探索」に関する内容と，２文目のテーマにある，「これらの計測」が結び付きます。

例文22 Our model attempts to <u>identify the demand parameters with occupational compensation</u>.

新規

After obtaining **these estimates**, we calculate optimal tax policies during 2010s.

既知

以上のように，位置の選択ができる副詞句は，文を結束させて読みやすくする際に利用できます。つまり英文で情報の順番がどちらでもよいときは，**書き手が意図を明確に伝えるために順序を選択する**ことになります。

■ 複文の節も読みやすく並べる

句と同様に，2つの節が並んで1文を構成する複文なども，節の位置を変えることができます。前後にある情報との結び付きを考えて順序を決めると読みやすくなります。

次の接続詞 unless で結ばれた **例文23** と **例文24** の複文を見てください。両方とも「この状況を改善しないと会社が倒産する」という意味になります。1文だと内容は変わらず，どちらを使っても構いません。

例文23 <u>Unless</u> we improve this situation, the company will go bankrupt.

例文24 The company will go bankrupt <u>unless</u> we improve this situation.

それでは，これらが次の **例文25** に続いた場合は，どちらが読みやすいでしょうか。情報の流れに注目してみましょう。

例文25 The loss caused from claim management was much higher than expected in relation to the total budget for the California office. （クレーム対処による損失はカリフォルニア・オフィス全体の予算に比べて，予定より

ずっと額が大きかった）

　正解は，**例文23** が **例文25** の後に続くほうがディスコースに流れができます。1文目のリームにある「損失が予定よりずっと多い」ことが，2文目の前にある節の「この状況（this situation）」と結び付いています。結果として読者は1文目から2文目にスムーズに移動できます。

The loss caused from claim management was <u>much higher than expected in relation to the total budget for the California office</u>.
新規

Unless we improve **this situation,** the company will go bankrupt.
　　　　　　　　　　　既知

　それでは **例文26** を読みやすくするにはどうすればいいでしょうか。

例文26　They also estimated the losses caused by receiving defective products. Customers asked for a refund or exchange from the sales staff when they discovered that their products were inferior. The staff had to spend many hours coping with problems.（彼らは不良品を受け取ることによる損失を計算した。顧客は製品の欠陥を見つけると営業スタッフに返金や交換を求めた。スタッフは問題に対処するのに長時間を費やした）

　正解は **例文27** のように，2文目の節の順番を入れ替えます。When で始まる副詞節が前に来ると，その節にある their products were inferior が，前文の最後にある defective products と意味的に結び付きます。さらに2文目の they から始まる節が後ろに来ることで，the sales staff が新規情報として文末に置かれます。この情報は，続く3文目の文頭にある The staff と結束してい

るため，読者はスムーズに移動できます。このように節に含まれる情報に配慮して順番を決めましょう。

例文27　They also estimated the losses caused by receiving <u>defective products</u>.　新規

When customers discovered that **their products were inferior**, they
既知

asked for a refund or exchange from <u>the sales staff</u>.
新規

The staff had to spend many hours coping with problems.
既知

戦略9

句や節の順序を選択し結束を作る
👉 前方の文にある既知情報を含む句や節から始める
👉 後方の文に続く新規情報を含む句や節を後ろに置く

チャレンジ問題2

次の例文のディスコースを読みやすく変えてください。

ABC started selling some items at reduced prices. The company decreased its sales in the market because these items were not what their regular customers wanted.

（ABCはいくつかの製品の値段を下げた。これらの製品は常連の消費者が望むものでなかったため，その企業は市場での売上を落とした）

［解答は巻末に掲載］

Q6 冠詞の the はどのように使えばよいのか？

A
- ☑ 名詞句の前に付く限定詞の１つが冠詞
- ☑ the は読者と共有している情報に付ける限定詞

■ 英語論文では必須の冠詞

　英語論文で一番使われる語は何だか知っていますか？　筆者が経済・経営のトップジャーナルの論文のデータを集めて作成した154万７千語の MERAC（Management and Economics Research Article Corpus）を分析した結果，「the」が最も頻度が高く，８万２千回以上も使われていました。実に全体の５％強も使われている大切な語だったのです。では，そんなにたくさんの冠詞をどこで使えばよいのでしょうか。

　実は，定冠詞の the をどこで使うのかは書き手が決めるのです。これは，**読者がすでに知っている情報**だという合図を示すことなのです。日本語にはない概念なので，意識して書き方を覚えるしかありません。まずは，冠詞が付く名詞の性質をよく理解していくことから始めましょう。

■ 名詞句の前には必ず冠詞などの限定詞を付ける

　名詞句とは，名詞を中心にした句としてのまとまりです。例えば，the competitive product は，定冠詞の the と修飾語の形容詞 competitive が名詞の product の前に付いて１つの名詞句を形成しています。名詞は，どのような性質を表すのか，読者に情報を**特定化して限定する**必要があります。この際に使われるのが「限定詞（determiner）」と呼ばれるもので，**必ず名詞句の前に付けます**。以下がイメージです。

〔限定詞〕　名詞句

　限定詞には主に，this や those などの指示詞，my や their などの所有限定詞，another，all，many などの数量詞，そして冠詞が使われます。以下が例となります。

- ●指示詞の例　　　　this　company　　　（この会社）
- ●所有限定詞の例　our　company　　　（我々の会社）
- ●数量詞の例　　　another　company　　（別の会社）
- ●冠詞の例　　　　a/the　company　　　（ある/特定の会社）

　名詞1語ではエラーは少ないのですが，前に修飾語が付き名詞句になると，次の **例文28** のように限定詞を忘れることがあります。

例文28　　×　I work at <u>wonderful company</u>. （限定詞がない）
　　　　　　　　　　　　　　名詞句

　短い文だと，間違いに気づくのはそれほど困難ではないと思います。実際の論文では，複雑な文を書くことが多いので，名詞句を書いたときは，**必ずその前にある限定詞を確認**してください。冠詞が限定詞となる場合は，特に注意が必要となります。エラーをなくすポイントとして，**指示詞，所有限定詞，数量詞がない場合は必ず冠詞を付ける**と覚えてください。

■ 冠詞は3種類

　英語では，限定詞の位置に入る冠詞は a，the，∅（ゼロ冠詞）の3種類です。∅のゼロ冠詞とは，限定詞の位置に a や the がない状態です。この考え方に慣れると日本人もエラーが減ります。

　例えば plan という名詞は以下の3つのタイプの冠詞が選択できます。①のように，冠詞の a は名詞の単数形の前にしか入りません。the は②のように，名詞の単数形・複数形どちらの前にも入ることができます。また，③のように

名詞の複数形の前には∅が入ることが多くなります。

① a plan 　　　　　　：〔　a　〕plan 　　　　いわゆる１つの計画
② the plan(s) 　　　　：〔　the　〕plan(s) 　特定の１つ（または複数の）計画
③ plans 　　　　　　：〔　∅　〕plans 　　　一般的な複数ある計画

■ 名詞と冠詞

　冠詞は，その後に来る名詞の種類によって使い方が決まります。冠詞を決定する一般名詞の可算・不可算名詞を確認しておきましょう。

１．可算名詞：概念的に数えることができ通常は単数と複数で形を変えます。
● 単数：冠詞は a か the
● 複数：冠詞は the か∅
　　　　：es/s など複数を示す接尾語を付ける
　　　　：people や police など集合名詞は複数を示す接尾語を付けない
２．不可算名詞：概念的に単数・複数の区別がなく冠詞は∅か the になります。
● 抽象名詞：目に見えない概念 work（労働），love（愛情）
● 物質名詞：目に見えるが分けて数えられない water（水），money（通貨の
　　　　　　総称）

■ 冠詞の考え方

　それでは，下のカッコに冠詞を入れて 例文28 を修正してください。

例文28 I work at（　　　　）wonderful company.

　あなたは a と the どちらを記入したでしょうか。実は，どちらも正解です。a wonderful company だと，いわゆる素晴らしい会社１つで働いているという意味になります。一方 the wonderful company とした場合，読者はその会社のことをすでに知っているという前提です。このように定冠詞の the は読者と**共有の知識**（shared knowledge）を示すという書き手からの合図です。つ

まり，**冠詞の選択は書き手の意図によって決まる**ということです。冠詞のエラーとは，書き手の意図が読み手に通じないということになります。

それでは，次の 例文29 のそれぞれの名詞と冠詞を確認してください。

例文29

(1)　Rich people spend money on expensive brands.

(2)　Rich people spend money on an expensive brand.

(3)　Rich people spend money on the expensive brands.

正解は，名詞は people, money, brand(s) の3つあり，それぞれの冠詞を確認する必要があります。以下が(1)〜(3)の例文の構造で〔　〕は限定詞の位置となります。

(1)　〔Ø〕Rich people spend 〔Ø〕money on 〔Ø〕expensive brands.

(2)　〔Ø〕Rich people spend 〔Ø〕money on 〔an〕expensive brand.

(3)　〔Ø〕Rich people spend 〔Ø〕money on 〔the〕expensive brands.

まず (1) の例文に注目しましょう。people は集合名詞で複数扱いですが接尾語の s を付けない名詞です。この前には修飾語の rich が付いている名詞句で，複数の概念なので Ø です。次の money は不可算の物質名詞で，一般に Ø です。また expensive brands の名詞句は brands と複数名詞の前なので Ø です。漠然とした複数の高級ブランドを意味しています。

(2) は最後の名詞句 expensive brand の限定詞に an が入っており，漠然とした，どれか1つの高級ブランドにお金を使うことになります。(3) の例は名詞句 expensive brands の冠詞に the が入っており，特定の複数の高級ブランドを意味しています。これは (1) の文と異なり，読者はこれらの具体的な複数のブランドについて**すでに知っていることが前提**となります。

最初は面倒だと思うかもしれませんが，このようにすべての名詞を確認しましょう。名詞句には限定詞が必要だということを忘れずに，英文を書き終わったら，そこに何を入れたのか必ず見直してください。また，ゼロ冠詞の可算名

詞は複数形をとることが多く，その形も確認してください。

戦略10

すべての名詞句の限定詞と冠詞を確認する
- 👉 a か the または，0 のエラーがないか確認
- 👉 0 の場合，可算名詞は複数形を示す接尾辞を付けているか確認

■ the が必ず冠詞となる表現

　必ず the を冠詞に入れる表現には，以下のようなものがあります。これらはいずれも唯一性を表し，**それが1つしか存在しない物なので読者と情報を共有している**と考えられます。

- 序数　the first, the second, the last（順番は1つしかない）
- 最上級　the best practice, the most useful item（最上のものは1つ）
- 限定する形容詞　the only, the same（1つの物を限定する）
- 世の中に1つしかない物や団体，出来事　the sky, the sun, the United Nations, the IMF, the Ministry of Finance, the Great Depression

　これ以外に物事の総称となるものにも the を付けます。

the rich（富裕層），the news（ニュース番組）

　また限定する時代や年代にも付きます。

the 1960s，the past four decades
（ただし単独の年には通常 the は付かない　例：in 2020）

　さらに慣用的な表現も限定詞に the が必要なものがあります。

due to the fact that（〜という事実によって），despite the fact that（〜と

いう事実にもかかわらず）

　それでは確認のため次の文のエラーを探してみましょう。

The tasks require people to find one best answer to problem rather than many different possibility.（そのタスクは，ある問題に対して，多くの可能性より1つの最善な答えを出すことを人々に要求している）

　正解は，まず名詞句を確認して，その前の限定詞を見ていきます。最上級のbest の名詞句には定冠詞が必要です。また problem は可算名詞の単数形で，この場合は特定ではない問題なので a が必要です。さらにこの場合のpossibility は，限定詞 many がある，数えられる「可能性」なので possibilities に直します。　例文30　が正しい文となります。

　例文30　　The tasks require people to find **the** one best answer to **a** problem rather than **many** different **possibilities**.

チャレンジ問題3

　次の例文について限定詞のエラーを見つけてください。

Muji is now recognized as leading international brand but it was originally developed as exclusive brand for the Seiyu supermarket chain in early 1980s.

［解答は巻末に掲載］

Q7 英語論文でエラーを減らすにはどうすればよいか？

A
- ☑ 英語論文に特有の冠詞の使い方をマスターする
- ☑ 名詞句の内容が単数か複数か確認する
- ☑ 主語の主要部と後に続く動詞の一致を意識する

■ エラーが一番多いのは名詞句に関連するもの

Q6で冠詞の基本を確認しましたが，限定詞として取り扱うことに慣れたでしょうか。英文校正などでかなり修正をされるのが不定冠詞の a や定冠詞の the に関する箇所です。できればこのエラーは自分で改善し，もっと重要な研究の内容に関する記述について適切な修正をしてもらうべきです。ネイティブに添削してもらった箇所を見ても，なぜ特定の冠詞が加えられたり，添削されたりするのかわからないこともあるでしょう。ここでは，論文でエラーの多い冠詞と名詞句についてもう少し詳しく説明します。

■ 間違いやすい the と ∅ （ゼロ冠詞）の選択

次に示す名詞句は，書き手の意味するものによって the と ∅ の使い分けができる，注意すべき代表的な名詞です。

1．交通手段

交通システム全般は，**例文31** のように通常は the が限定詞に入ります。

例文31 <u>The</u> train is quicker than <u>the</u> bus.

（鉄道はバスより速い交通システムである）

しかし，by を伴った交通手段としての乗り物は限定詞が 0 となります。

例文32　The majority of residents commute <u>by</u> train to the city.
（大多数の住人が列車<u>で</u>都市に通勤している）

2．物や場所，または活動の両方の意味を持つ名詞

　物や場所を意味する場合は表2の左側のように限定詞は the となります。
活動を意味する場合は表2の右側のようになります。

［表2］物や場所および活動の両方の意味を持つ名詞の例

（the）物や場所	（0）活動
The **school** is relatively small. （**学校**は比較的小さい）	They <u>go to</u> **school** by bicycle. （自転車で**学校へ行く**）
The **lunch** is well-cooked. （**昼食**はよく調理されている）	They <u>eat</u> **lunch** at the cafeteria. （彼らは食堂で**昼食をとる**）
The **class** is in the main building. （その**教室**はメインの建物にある）	The students are <u>in</u> **class**. （学生は教室で**授業を受けている**）

　下の **例文33** は，attended school が学校に通うという活動なので限定詞は
0 となります。

例文33　We use <u>a</u> program sponsored by a Pakistan non-governmental organization as our empirical window. Before <u>the</u> program, a minority of boys from the area attended **school**.（パキスタンの NGO が提供するプログラムを使い実験を観察する。<u>その</u>プログラム前には，その地域の少数しか**学校に通わなかった**）

■ 論文で注意すべき可算と不可算の両方に使える名詞

　上のように名詞には複数の意味を持つものがあります。この中で冠詞や複数
形のエラーが多いのは，表3のような抽象名詞です。

　これらは不可算の場合は，限定詞の冠詞は 0 です。可算の場合は，単数なら

冠詞は a または the となります。複数の場合，冠詞は ∅ または the で語尾に s などの複数を示す接尾辞を付けます。いずれも論文で使用頻度が高く重要な語なので，自分はどちらの意味で使うのかよく確認しましょう。

［表3］不可算・可算の間違いやすい名詞と限定詞

名詞	不可算の意味（ゼロ冠詞）	可算の意味 （a もしくは the）
business	商業全般	特定の商活動
experience	一般的な経験	特定の経験
industry	産業全般	特定の産業
performance	行動全般	具体的な活動
influence	一般的な影響	具体的な影響

戦略11

可算・不可算の両方に使える名詞は注意する

👉 自分が書いた名詞は一般的な不可算の意味か，特定の可算か見直す

▨ 後に来る情報を規定する後方照応の the

　読者と共有の情報を示す the は，前に出てきた情報と同じことを示す場合に**前方照応**といいます。上の **例文33** は1文目の a program と同じ情報ということで，後続の2文目で the program と前方照応しています。

　また，これとは別に**後ろに続く情報で限定する**方法があり，これが**後方照応 の the** です。英語論文で最もエラーが起きやすい項目の1つです。

　次の **例文34** が後方照応の例です。述部リームにある the distribution of both pretax and posttax income が1つの名詞句です。前置詞 of の前にあるのが，この句の**単数や複数の性質を決定する「主要部」**となります。of 以下は主要部 distribution を，後ろから修飾しています。この場合の限定詞の the は，主要部の後ろに説明があるというシグナルです。このように後に来る情報で意味を限定するので，後方照応と呼ばれます。

例文34　We estimate <u>the distribution of both pretax and posttax income</u>.
　　　　　　後方照応　主要部
（課税前と課税後の両方の配分を計算する）

　このように，後方照応を作るのが of などの前置詞を伴う句です。論文では
これ以外に in の句や，that など節を伴うものもよく使われます。

■ 主要部を of, to, in などの前置詞に続く情報で限定する

　この形式で，MERAC で最も多いのは the effect of という句で229回使われ
ていました。また同様に the role of，the impact of，the value of も論文で多
く使われています。このような表現は **例文35** のように，<u>the 名詞句 of</u> の形
でそのまま覚えておいたほうが良いでしょう。

例文35　Examining <u>the effect of</u> messages provides a deeper
understanding of <u>the role of</u> the consumers.
（メッセージ効果の検証により，消費者の役割に関して深く理解できる）

　次の **例文36** は，名詞句の主要部の ability を限定する内容が to 以下に記載
されているため冠詞は the となります。

例文36　Board experience enhances <u>the</u> **ability** <u>to</u> exercise effective
control.
（広い経験によって，効果的な管理ができる能力を向上できる）

■ 後に続く that 節や関係代名詞による限定

　後方照応による the の選択は，名詞句の後に続く that 節や，関係代名詞な
どによって意味が限定される時にも起こります。例えば，**例文37** は，後に続

く that 節を限定する名詞句の前なので限定詞は the となります。

例文37　The shopping trip increases <u>the</u> **probability** <u>that</u> the next item will be unplanned rather than planned.
（その購買旅行は次のアイテムを計画的より，無計画で買う可能性を増加させる）

　関係代名詞で限定する例が **例文38** です。関係代名詞 who の後に続く情報で限定されるため，名詞句の主要部 workers に The が付いています。

例文38　<u>The</u> **workers** <u>who</u> experience the largest wage losses are likely to leave their jobs.
（最大の賃金減少を経験した労働者は離職する傾向がある）

■ 名詞句の主要部が後に続く動詞と呼応する

　よくあるエラーに「主語と動詞の一致」の問題があります。これは「主語を，動詞の単数や複数の形と一致させる」という規則によるものです。例えば，主語が単数の場合は，現在形の be 動詞なら is にし，一般動詞なら動詞の末尾に <u>3 人称単数形の s</u> を付けるものです。後方照応の名詞句の場合は，その**主要部が動詞の単数形や複数形を決めます**。

　例文39 を見てください。この場合，be 動詞の形を決めるのは，すぐ前にある複数形の名詞 tasks ではありません。名詞句の主要部である of の前の productivity が単数なので，動詞は呼応して is となります。

例文39　The **productivity** of these tasks <u>is</u> suppressing their wage incentive.
（これらのタスクの生産性は賃金のインセンティブを引き下げている）

　それでは練習として次の **例文40** のエラーを見つけてください。

例文40　The equilibrium beliefs in the over-the-counter（OTC）game is independent of dealers' strategic considerations.
（OTC ゲームの均衡の信頼はディーラーの戦略的思考とは独立している）

　実際の論文の少し複雑な文ですが，どこを修正すべきかわかりましたか。この文の主語は The から game まで続く長い名詞句です。<u>主要部は in の前にある beliefs</u> となり，動詞はこれに一致させる必要があります。正解は動詞の is を are に直します。これ位の長い文になると Word などの文法チェック機能でもエラーが見つかりません。自分で書いた後に，主語の主要部が動詞と一致しているかを確認しましょう。

戦略12

主語と動詞は一致しているかを確認する
☞ 長い名詞句が主語の場合は，主要部と動詞を一致させる

チャレンジ問題4

　次の例文のエラーを冠詞に注意して修正してください。

It can be said that influence of educational qualifications on earnings are greater for women than for men.

［解答は巻末に掲載］

Q8　単調な表現の繰り返しを避けるには？

A
- ☑ 文頭のテーマに置く既知情報の語彙を変える
- ☑ 文法的結束を活用する
- ☑ 語彙的結束を活用する

■ 同じ語彙を繰り返さない工夫

　語彙の知識が不十分なためか，同じ単語を繰り返して使ってしまい，単調な英文になることがあります。いかにもノン・ネイティブが書いた文章となります。これを避けるには，どのようにしたらよいのでしょうか。

　Q3で学んだ，ディスコースにまとまりを作り，英文を読みやすくする方法を覚えていますか？　文同士を結び付ける戦略でしたね。このためには，各文の文頭のテーマの位置に，読者に既知の情報を書き，前方にある文と結束させます。つまり，各文の文頭には，**同じような既知情報を繰り返す**ことになります。この同じ情報の表現に変化を付けることで，単調な英文になることを避けることができます。

　この結束する既知情報の変化のさせ方には，文法的結束と語彙的結束があります。以下にそれぞれ詳しく見ていきます。

■ 文法的結束

　これは下記のような，定型の文法的な形態で表現の変化を作ります。このストラテジーを使えば，同じ言葉を繰り返す必要がありません。
- 定冠詞　　　A firm → The firm
- 人称代名詞　人名 → He, She, They…
- 指示代名詞　物事 → This, That, These, Those

● 比較語　　　　same, such, so, others

　それぞれの文法的結束の例を経済・経営の論文で確認してみます。

1．定冠詞による結束

　これまで確認してきたように，読者と共有している知識であることを，名詞句の前の限定詞に the を付けることで示すものです。 **例文41** のように１文目の a new job opportunity の job と同じものを示す The job が２文目の文頭にあり結束しています。この結束は名詞の部分は繰り返しになるので，特に同じ情報であることを強調する必要があるときに使います。

例文41　　It also creates <u>a new job opportunity</u>.

　　　　The job requires a knowledge of statistics.

　　　　（それは新しい<u>仕事</u>を作り出す。<u>その仕事</u>は統計の知識が必要だ）

2．人称代名詞による結束

　例文42 のように人称代名詞を使うことで，同じ表現の使用を避けることができます。

例文42　　<u>Retailers</u> that follow the strategy focus on image rather than price.

　　　　They charge higher prices on an everyday basis.（その戦略に従う<u>小売業者</u>は値段よりイメージに焦点を当てる。<u>彼らは</u>日常的により高い値段をつける）

　なお，**Q7** の復習となりますが，１文目は，名詞句の主要部が Retailers と複数なので動詞 focus には３人称単数の s は付きません。単数 strategy が動詞のすぐ前にあるので惑わされないようにしましょう。

3．指示代名詞

　次の **例文43** では，１文目の the black showcase を２文目では指示代名詞

の This で言い換えています。既知の情報で始めて文が結束しています。これ以外にも，複数形の名詞を these や those などで表現できます。

例文43　The department stores had to accept <u>the black showcase</u>.
　This had a big impact on the consumer.（百貨店は<u>黒いショーケース</u>を認めるしかなかった。<u>これ</u>は消費者に大きなインパクトを与えた）

4．比 較 語

　これは，直接の語彙の言い換えではありませんが，前後の文を対比することで結束を作るものです。文体により変化を付けることができ，より英語らしい表現になります。次の**例文44**は some と対比する others で 2 文目を始めています。これにより結束と同時に，表現の変化を示せます。

例文44　<u>Some</u> dealers make a best guess of their own value.
　Others act in the same informational environment.（<u>何人かの</u>ディーラーは，自分自身の価値に基づき最善の推測を行う。<u>他の者</u>は，同じ情報の環境で行動する）

　次の例では，1 文目の「革新的なアイディア」の 1 つの例として，2 文目のテーマ部分に such を使っています。この結束により，前文からのスムーズな移動が実現し，語彙のバラエティも示せます。

例文45　The manager enjoyed the freedom of taking <u>innovative approaches</u>.
　One **such** idea was promoting a new perfume in fashion magazines.（マネージャーは<u>革新的な手法</u>が採れる自由を享受した。<u>そのような案</u>の 1 つが，新しい香水のファッション誌によるプロモーションだった）

文法的結束を利用して表現に変化を付ける
👉 4種類の文法的結束で文同士に関連性を持たせる

■ より洗練された文になる語彙の結束

語彙の結束とは，同じ意味を持つ異なる形式の語彙を使うことで文同士を結束させるストラテジーです。

- 派生語　　manage → manager, management
- 類義語　　company → corporation
- 上位語　　convenient store → retailer
- 下位語　　the car industry → Toyota
- 一般名詞　thing, stuff

1．派生語による結束

これは同じ語幹を持つ単語の形態を変え，同様の意味を表す派生語で結束を作る方法です。**例文46** では，1文目の manager を修飾している形容詞 training の派生語 trained が2文目の動詞にあり結束しています。

例文46　The company employed an experienced <u>training</u> manager. Then local office **trained** their staff to have higher service competence.
（その会社は経験ある<u>トレーニング</u>管理者を雇った。次にローカル事務所はスタッフに，より高いサービス能力を持たせる<u>トレーニングをした</u>）

2．類義語による結束

派生語ではない同様の意味の語彙を使うことで，英文の単調さをなくし文を結束できます。次の例では1文目にある企業の mission が，2文目では類義語の statement で表現されています。このように類義語で言い換えることで表現力が増します。類義語を掲載した英語のシソーラス辞典などを活用すれば，こ

のようなストラテジーを使うことが容易になります。

例文47　The chairman developed the company's current <u>mission</u>: to create new value and make a difference.
This **statement** is the driving force behind the company's actions.（会長はその企業の「新しい価値を創造し差別化を行う」という現在の<u>ミッション</u>を構築した。その<u>声明</u>は会社の行動規範の推進力となっている）

3．上位語による結束

　これは，前述の語彙が属するグループの上位の概念を記述し文を結束させる方略です。うまく活用すれば多様な表現が使えます。例えば，麦であれば，上位の概念グループは食物や穀物になります。**例文48**では，１文目に百貨店の記載があります。この上位のグループは２文目にある小売業者となります。

例文48　He approached a high-end <u>department store</u> in Ginza.
However, the **retailer** felt that Chanel's black showcase would clash with the rest of the shops.（彼は銀座の<u>高級百貨店</u>にアプローチをかけた。しかしその<u>小売業者</u>は，シャネルの黒いショーケースは他の残りの店舗と相いれないと考えた）

4．下位語による結束

　これは上位語の場合と逆に，最初の語彙の下位概念を次の文で使うことで結束を作るストラテジーです。**例文49**では，１文目の化粧品会社に属する下位概念の資生堂という会社名で結束を作っています。

例文49　Many <u>cosmetic companies</u> face difficulties in the market.
For example, **Shiseido** had to spend years developing acceptable service.（多くの化粧品会社がその市場で困難に直面した。例えば，<u>資生堂</u>は受容できるサービスを構築するのに何年も費やさなければならなかった）

5．一般名詞による結束

　このストラテジーは，漠然とした一般的なものを意味する stuff や things の名詞を使い結束を作ります。**例文50** は1文目の意見に対して，一般名詞である things を2文目に記述し表現の変化を実現しています。

例文50　The employees were asked to describe <u>their opinion</u>.
　Only positive **things** could be reported about the new projects.（社員は<u>自分たちの意見</u>を述べるように依頼された。彼らは新しいプロジェクトに関して前向きな<u>こと</u>しか言えなかった）

戦略14

語彙的結束を利用して表現を豊かにする
👍 5種類の語彙的結束で文同士に関連性を持たせる

チャレンジ問題5

　次の例文の結束の方法を確認しなさい。

　Department stores may copy rivals' branding decisions. Some retailers attempt to maintain their relative competitive position. Others prevent competitors from leading the race. Moreover, imitation may give them legitimacy in the eyes of stakeholders.

［解答は巻末に掲載］

Q9 読者に伝わりやすい英文の書き方とは？

A
- ☑ 文頭のテーマの前にメタディスコースを置く
- ☑ 流れを切ることで注意を喚起する
- ☑ メタディスコースで後に続く情報の読み方を伝える

▨ 言いたいことをメタディスコースであらかじめ示す

　メタディスコース（Metadiscourse）は，文章の役割をより明確にし，読者を誘導するストラテジーに使われます。「メタ」は1つ上のレベルという意味で，後に続く情報とは直接関係はありませんが，ディスコースの読み方をあらかじめ示唆する際に使われます。

　Q3で確認したように，文の流れを構築するには，読者にとって既知の情報で始めることで前方の文との結束を作ります。しかし，その既知情報の前にメタディスコースを置くと，結束がなくなり文の流れが遮られます。このため読者は，読むスピードを落とし，注意を喚起することになります。その位置にメタディスコースを用いて，後に続く文の読み方を伝えることで読者を誘導し，言いたいことを伝えるのです。

　例えば，**例文51** において，2文目の最初の代名詞 They は1文目の Computers を示し，既知情報となり文が結束しスムーズに読んでいきます。しかし，3文目は既知情報の they の前に，However というメタディスコースがあり，前文との結束を遮っています。このため読者は，読むスピードを落とします。ここに反意的な意味の However を置けば，読者は，**後ろに前文とは逆の意味の内容が続く**ことを予想できるのです。

例文51　Computers have no ability to think or be creative. **They** simply follow instructions laid out by a human. <u>However</u>, they can perform millions of calculations very quickly.（コンピュータは思考したり，創造的になる能力はない，それらは単に人間によって指示されたことに従うだけだ。<u>しかしながら</u>，何百万という計算をとても速く処理できる）

　メタディスコースは，主に以下の３つに分類されます。 いずれも，後に続く情報とは直接関係がありませんが，文頭で読み方を提示します。

①　接合表現：接続詞，接続副詞など

　例）Therefore, However, For instance, First

②　筆者の態度・コメント：後続の情報への考えや判断の示唆

　例）It is well known that, Unfortunately

③　注意の喚起：読者への直接の働きかけ

　例）As you can see, Consider now

■ 論文でよく使われる接合表現：接続詞，接続副詞など

　論文は，文書が長く複雑になりがちです。そのために，読者をうまく誘導するのに，このタイプのメタディスコースが最も頻繁に使われます。主に６つの種類があるので論文執筆の際にうまく活用しましょう。

　1 反意的，2 付加的，3 例示，4 時間的，5 因果的・理由，6 結論

1. 反 意 的

　前方の文とは異なる観点の情報を伝える際に，「ここから，反対の重要なことを述べるので気をつけて」という合図になり，読者の注意を喚起します。論文では以下の表現がよく使われます。

● However, But, Nevertheless, Nonetheless

　次の **例文52** では，However を文頭に置き，前の文とは異なる考え方が続くことをあらかじめ読者に伝えています。

例文52　Some people think AI will control our lives. <u>However</u>, others claim that it is science fiction.（AI が我々の生活をコントロールすると考える人がいる。<u>しかしながら</u>，一方でそれはサイエンス・フィクションだと主張する人もいる）

2．付　加　的

付加的表現は，主張をより明確にするため，**前の文に情報を加え強調する**ものです。ディスコースの流れを前進させるもので，以下の表現が論文で活用されます。

● In addition, Moreover, Furthermore, Further

　例文53 では Moreover を使い，さらなる付加的な情報が後に続くことを示唆しています。

例文53　The Olympic Games prove how sporting events can bring nations together. <u>Moreover</u>, such popular events provide economic benefits in some emerging countries.（オリンピックはスポーツ行事が国民を1つにすることを証明している。<u>さらに</u>，そのような人気の行事は，新興国にも経済的利益をもたらす）

3．例　　示

前文の具体例として，より詳しい情報や，議論を裏付ける証拠を示す際に次の表現が頻繁に使われます。

● For example, For instance

　次の **例文54** は，前文で示した，効率的な問題解決の具体例が後に続くことを For example で示しています。

例文54　New applications solve problems with great efficiency. <u>For example</u>, they can find the most relevant homepage to refer.（新しいアプリは，かなり効率的に問題を解決してくれる。<u>例えば</u>，それらは参照するのに

最も適切なホームページを見つけることができる）

4．時間的

　このメタディスコースは，話題の順番や，手順などを示します。これを使えば，今読んでいる内容が全体においてどの位置にあるのかを，読者に明確にすることができます。

- First, First of all, Second, Third, Then, Finally, And lastly

　これら時間的表現は，経済・経営系のジャーナルでは，特に Introduction の章で論文の構成を伝えるときに以下のような形式で使用します。

- <u>First</u>, we provide a detailed review of recent…

　　最初に詳細なレビューを行い

- <u>Second</u>, we develop a model of the management…

　　2番目にモデルを構築し

- <u>Finally</u>, we offer a theoretical explanation for why…

　　最後に理論的説明を行う

5．因 果 的

　因果的表現は，前の内容から導かれる結果などをまとめるシグナルとなり，以下のメタディスコースが使われます。

- Thus, Therefore, Consequently, As a result

　次の **例文55** の2文目は，文頭に Thus を置くことで，1文目の都市の人口増加により導き出される結果が，次に続くことを読者に示しています。

例文55　Populations always continue to grow in cities. <u>Thus</u>, the number of available apartments decreases, which causes housing problems.（都市では常に人口が増加し続ける。<u>このことから</u>，入居できるアパートの数は減り住宅問題を引き起こす）

6．結　　論

　まとめになる個所に，次のような結論のメタディスコースを置くことでパラグラフが読みやすくなります。

- In conclusion, To conclude, To sum up, In brief, To summarize

　例文56 の文頭に In conclusion があることで，読者はこの後にパラグラフの結論が続くことがわかります。

例文56　　In conclusion, younger generations find it hard to leave their mobile phones and could become addicted to Social Network Services. (結論として，若い世代では携帯電話から離れることが難しく，ソーシャルネットワークサービスの中毒になることが考えられる)

■ 論文で活用される筆者の態度やコメント

　メタディスコースを使い，後続の情報への書き手の考えや判断をあらかじめ示し，読者の注意を喚起させます。これには以下のような1から5のタイプがよく活用されます。

1．自分の見解を述べる

　論文では**自分の考えなどは，人称代名詞の I を使わず**に以下の表現などを活用します。

- It is well known that（よく知られている），It is arguable that（論じることができる）

　次の **例文57** では，不規則性が与える影響が，一般に認知されていることを表現しています。

例文57　　It is well known that such irregularity can have significant macroeconomic implications. (そのような不規則性がマクロ経済的な示唆に重大な示唆を与えることはよく知られている)

2．予期しない結果や否定的内容の提示

Unfortunately を用いて，**例文58** のように，結果などが予期しなかった状況であることを読者に示唆します。

例文58 <u>Unfortunately</u> these two goals cannot be simultaneously achieved by any of the two messages.（<u>不運にも</u>，2つのいずれのメッセージからも，これらの2つの目的は同時には達成できなかった）

3．特記すべきこと，興味深い発見や報告の示唆

読者の関心を引くために次のようなメタディスコースが活用できます。

● Interestingly（興味深いことに），Remarkably（注目すべきことに），Surprisingly（驚くべきことに）

例文59 は，Interestingly で文を始め，興味深い事実を報告することを読者に伝えています。

例文59 <u>Interestingly</u>, these two studies use the same data and similar econometric techniques.（<u>興味深いことに</u>，これらの2つの研究は同じデータと類似した軽量モデルを使っている）

4．話題の一般化や特定化

記述する内容を一般化したり，反対に特定のことに絞ったりするときに次の表現がよく使われます。

● In general（一般的には，概して），In particular（特に）

例文60 では，一般化した内容を記述することを読者に予告しています。

例文60 <u>In general</u>, our framework provides a macro-level perspective on new-product development.
（<u>概して</u>，我々のフレームワークは新製品開発のマクロレベルの見方を提供する）

5．類似性や代替性

　似た観点や，同様の別の概念を示すときに以下の表現を使います。

● Similarly（同様に），Alternatively（代替的なものには）

例文61　Similarly, it remains unclear whether volunteering is beneficial to jobs in some way.
（同様に，ボランティア活動が仕事に利益をもたらすのかは不明のままだ）

■ 注意の喚起

　このメタディスコースは，直接読者に訴えかけ，重要な観点が来ることを示します。代表的なものとして以下のような表現があります。

● It is important to note that（注意すべき大切なことは），Here, we（この研究で我々は），As seen（すでにみたように）

　例文62 と **例文63** は経済・経営の論文で使用頻度が高い文頭の表現例です。

例文62　It is important to note that the effects of an unmeasured variable can influence survey responses for many years. （注目すべき大切な点は，計測していない変数が，何年にもわたる質問紙調査に影響を与える可能性である）

例文63　Here, we have performed a detailed assessment of the potential contribution of the rotation changes.
（この研究で我々はローテーション変化の潜在的貢献を詳細に評価する）

　以上の文頭のメタディスコース例文をうまく活用すれば，**自分の言いたいことを読者に効果的に伝える**ことができます。

戦略15

文頭のメタディスコースで流れを止め読者の注意を喚起する

👍 メタディスコースをうまく活用して読み方を指示する

Q10 I think はなぜ使っては いけないのか？

A
☑ I think は主観的な表現なので論文には不向き
☑ 主張を弱めて防御する際は，法助動詞などヘッジ表現を使う
☑ 逆に強調したいときはブースター表現を使う

研究論文は常に客観的に書く

　研究成果の報告で大切なのは，誰が読んでも同様に納得できるという客観性です。このため経済・経営のジャーナルではIの使用頻度はとても低くなります。I think（私は思う）は，査読者にとってどうでもよいことです。それでは，事象を断言できないときや，主張を弱めるにはどうすればよいでしょう。

　このような場合に英文では，ヘッジ（Hedge）表現を使います。ヘッジは主張を抑え丁寧な表現となり，議論の防御にも使えます。書き手が断定する度合いを弱めて，査読者からの批判に事前に対処しておきます。特に法助動詞のヘッジなどをうまく活用する必要があります。

　ヘッジ表現は主に，以下のように近似詞（approximator）とシールド（shield）の2種類に分類できます。

1. 近 似 詞

　事象の明確さを弱め防御する表現で，以下のものがよく使われます。
- approximately, about, around

　例文64 では Approximately という表現で数字をぼかしています。

例文64　Approximately 10,000 scientists from overseas visit Kyoto to attend the Climate Change Conference.（おおよそ1万人の海外からの科学者が環境変化の会議に参加するために京都を訪問する）

2．シールド：確信の度合いを弱める

　論文で圧倒的に多いのがこのヘッジ表現です。**例文65**では，法助動詞のmayを使い，報告内容の主張を弱めています。

例文65　Unless we protect the environments properly, we <u>may</u> lose many endangered species.
（環境を適切に守らなければ，多くの絶滅危惧種を失う<u>かもしれない</u>）

■ 論文で役に立つ動詞などによるヘッジ

　以下の動詞などを使えば，断言を避けているため，反証があっても自分の議論を守ることができます。

- appear（ように見られる），indicate（示唆する），imply（暗示する），seem（思える），tend to（傾向がある），suggest（示唆する），be likely to（傾向がある）

　特にindicateは，研究成果の報告において使用頻度の高い表現です。**結果により示唆される**という意味で断言を避けることができます。**例文66**では，研究から得た示唆という意味になります。

例文66　Meta-analytic research <u>indicates</u> that supportive leader behaviors are positively correlated with task performance at team levels.（メタ分析的研究は，サポート的なリーダーの行動はチームレベルのタスクパフォーマンスと相関関係があることを<u>示している</u>）

　また，研究結果に対して**自分の解釈を行う際**は，be likely to がよく活用されます。 例文67 は are more likely to というヘッジで，成績の良い従業員が退職する理由の解釈に関する主張を弱めています。

例文67　Very good performers <u>are more likely to</u> leave if they believe that they receive rewards disproportionate to their contributions.（成績の良い従業員は，自分の貢献に対して報酬が釣り合わないと考えると退職する傾向がある）

■ Discussion の章などで有効な法助動詞によるヘッジ

　論文の Discussion や Conclusion の章で頻繁に使われるのが法助動詞のヘッジです。これらの章では，得られた結果に対して自分の解釈を書くことになります。このため主張を弱めて防御する必要があるのです。特に使用頻度が高いのは，can, could, may, might などです。

1．can, could による可能性・確信度のヘッジ

　can は，可能性に事実や経験に基づく客観性があるときに用いられます。一般に **could は，「理論上は可能な（theoretically possible）」**ことを表します。「理論的にはありえるかもしれないが，実際はそれほど可能性があることではない」というシグナルを送ります。can から could へと次第に書き手の確信度は低くなります。 例文68 の (1) も (2) も「これは公共政策ミックスにおける成長主義政策の相対的な利点を増加させる」という内容ですが，can を使うことで「可能性」として主張を少し弱めています。(2) では，あくまで理論的にはそのように言えるが，例外もあることを示唆しています。

例文68

(1)　This <u>can</u> increase the relative attractiveness of growth-oriented policies in the public policy mix.

(2)　This <u>could</u> increase the relative attractiveness of growth-oriented policies in the public policy mix.

2．may, might による可能性・確信度のヘッジ

may は主観的な判断に基づき述べる場合に使われます。事実や経験に基づく客観性は弱いので，can に比べると確信度は低いといえます。重大な内容で，根拠がそれほど強くないときなどに用いられます。また **might は，さらに可能性の低い状況**で使われます。「とてもまれなケースとして，ないわけではない」というニュアンスとなります。書き手の主張としては確信度が低く，曖昧な表現です。

例文69 の (1) も (2) も「この理論的モデルは日本の外では一般化できる」ことを述べていますが，may を使うと，「可能性がある」という書き手の控えめな主張を示します。また，(2) のように might では，「かなりまれで，あまり断定できる事象としては見なしていない」ことを示しています。

例文69

(1)　This theoretical model <u>may</u> be generalized to contexts outside Japan.

(2)　This theoretical model <u>might</u> be generalized to contexts outside Japan.

戦略16

ヘッジ表現を使い査読者の批判を防御する
👉 主張を弱める動詞などの表現や法助動詞などをうまく使い分ける

■ ブースターで主張を強める

　ヘッジの逆で，研究の独自性や成果を読者に特に訴えたいときには英語の強調表現であるブースター（Booster）表現を使います。

1．ブースターの役割を持つ動詞

　強い断定の意味を持つ動詞の活用で**確信度が高くなり**，読み手に強いメッセージを送ることになります。以下が代表的な動詞となります。

- confirm（確認する），convince（納得させる），demonstrate（論証する），determine（決定する），prove（証明する）

　次の　例文70　では，demonstrates を使い研究成果を強調しています。

例文70　The research <u>demonstrates</u> that ecotourism is the critical way to protect nature.
（その研究はエコツーリズムが自然を守る重要な手法だと<u>論証した</u>）

2．ブースターの役割を持つ形容詞，副詞

　以下の形容詞や副詞を使えば書き手の主張がより明確になります。

- clear（明確に），definitely（確かに），essential（重要な），extremely（極端に），significant（重要な），significantly（かなり）

例文71　It is the <u>significant</u> finding that local people in developing countries could preserve natural heritages to attract foreign tourists.（外国の観光客を集めるために，発展途上国の地方の人々が自然遺産を守る可能性があることは<u>重要な発見</u>である）

3．文頭のメタディスコース

　ブースター表現は，**Q9**で示した文頭のメタディスコースとしても使い，**読者の注意を喚起**できます。

- Indeed（実際に），Of course（もちろん），It is clear that（明白である）
例文72 では，書き手の主張の裏付けとして先行研究を紹介しています。

例文72 <u>Indeed</u>, Davis and Johnson (2015) demonstrated more directly that abusive supervision is associated with subordinate mental disorder.（実際に，Davis and Johnson (2015) は，罵倒により管理することが部下の精神疾患と直接関連することを論証した）

戦略17

ブースター表現で主張を強め，読者の注意を喚起する

チャレンジ問題6

次の例文のヘッジ表現やブースター表現を説明しなさい。

According to the United Nations World Tourism Organization, the number of tourists could reach approximately 1.4 billion internationally. However, it may not be totally good news. The increase of visitors can lead to significant environmental damages.

［解答は巻末に掲載］

ブラッシュアップ戦術①
表現を豊かにする語彙的結束の活用例1

　経済・経営のトップジャーナルには，一般的な英語に比べ圧倒的に使用頻度の高い表現である特徴語があります。一番は firm(s) という企業や会社を意味する語です。約100本の論文を集めた MERAC の中で4,760回使われていました。平均すると1つの論文に30回も使われることになります。まさに **firm は研究論文必須の語彙**といえます。同じ言葉の繰り返しで英文が単調にならないように，firm(s) と言い換えが可能な論文の特徴語を紹介します。

■ firm に関連する MERAC で使用頻度の高い語彙

類義語	意味	活用例や派生語
company(-ies)	企業・会社	company director　取締役
corporation(s)	企業・会社	corporate behavior　企業活動
office(s)	事業所	local office　現地事業所
organization(s)	組織・企業体	organization member　構成員
institution(s)	組織・団体	business institution　企業
関連語	意味	活用例や派生語
agency(-ies)	代理店・機関	agent　エージェント
association(s)	協会・団体	associate　共同メンバー
establishment(s)	事業所・会社	retail establishment　小売り
workplace	職場	workplace facility　職場の施設
上位語	意味	活用例
industry	産業	industry action　産業活動

　次の例は firm と関連する industries や companies を使い分けています。

Across a wide range of travel <u>industries</u>, **firms** tend to hire outside <u>companies</u> to enhance their services.
（幅広い観光業にわたりサービスを向上するために外部の企業を雇う傾向がある）

ブラッシュアップ戦術②
表現を豊かにする語彙的結束の活用例2

　MERAC の中で派生語が最も多いのは employ に関連するもので，2,450ワードありました。平均すると1つの論文で16回ほど使われることになり，経済・経営の論文執筆では，**employ は重要な語彙グループ**といえます。

　「雇用」に関連する語彙は経済・経営の論文では必須です。派生語や類義語を活用し語彙結束を行うことにより，同じ語彙の繰り返しを避け，英文を表現豊かにできます。以下が学術論文の特徴語となるものです。

■ employ の派生語と類義語

語彙	意味	類義語や反意語とその意味
employ(s)	雇う	hire, recruit　雇う
employment	雇用	engagement　雇用 unemployment　失業
employer(s)	雇用者	owner　オーナー, chairman　会長 entrepreneurs　起業者 CEO　最高経営責任者 executive　取締役 manager　上司 officer　幹部, leader　リーダー supervisor　管理者
employee(s)	雇用人	worker, labor　労働者 workforce　労働力 subordinate　部下 staff　スタッフ professional　専門職
employed	雇用中	unemployed　失業中

■ 利害関係のある企業体や顧客

　経済・経営の論文では，以下のような利害関係のある人や企業体を表す表現もよく使われます。これらも語彙的結束を実現し，語彙の多様性の構築に便利な表現となります。執筆のときに活用してください。

項目	意味	派生語
● 利害関係者		
stakeholder（s）	利害関係者	key stakeholder　主要利害関係者
● 販売業者		
seller（s）	販売業者	sell　販売する
discounter（s）	値引き業者	discount　値引きする
● 顧客		
consumer（s）	消費者	consumption　消費
customer（s）	顧客	customer satisfaction　顧客満足
shopper（s）	購入者	e-shopper　ネット購入者
● フランチャイズ		
franchisee（s）	フランチャイズ主催者	franchising company フランチャイズ企業
franchisor（s）	フランチャイズ加盟者	franchise　営業権
● 競争相手		
competitor（s）	競合他社	compete　競争する competition　競争 competitive　競争的な

Part 2　さぁ書き始めましょう
－英語論文の書き方実践編－

　Part 1では，これまで英語論文の書き方のワークショップや講義で，参加者の方から質問が特に多く寄せられた事項をまとめました。これらの**Q1～10**の内容は，これから説明する実際の書き方の各章で頻繁に活用していきます。関連する事項は☞**Q1**のような形で示しますので参照してください。Part 2では，仮説検証型の論文に焦点を当てて，以下のような構成で解説していきます。

第1章　論文の構成と基本パラグラフの書き方
第2章　先行研究の読み方と論文引用の書き方
第3章　先行研究に対する書き手のスタンス
第4章　Introduction（序論）の書き方〈1〉：研究課題の重要性
第5章　Introduction（序論）の書き方〈2〉：未達成課題の明示
第6章　Introduction（序論）の書き方〈3〉：研究の独自性の訴求
第7章　Literature Review（文献レビュー）と Introduction のまとめ
第8章　Method（研究の実施方法）の書き方〈1〉
第9章　Method（研究の実施方法）の書き方〈2〉
第10章　Result（研究結果の報告）の書き方
第11章　Discussion（考察）と Conclusion（結論）の書き方
第12章　Abstract の書き方

第 1 章
論文の構成と基本パラグラフの書き方

本章のポイント

☑ 研究論文の構成を理解する

☑ 英文のパラグラフの構築方法を学ぶ

1 研究論文の構成

　まず学術論文がどのような構成になっているのか確認しましょう。研究論文には，以下のような決まったフォーマットがあります。詳しくはそれぞれの書き方で説明していきます。

● Title 論文のタイトル

　短く的確に研究内容を反映し，できるだけ読者の注意を引くタイトルをつけます。

● Abstract 論文要旨

　以下に示す Introduction, Method, Result, Discussion をそれぞれ 1 文程度にまとめた構成にします。読む価値があることを特に訴えます。要旨の後に，論文を反映するキーワード（Keyword）を 3 〜 5 つ付けるとわかりやすくなります。

● Introduction 序論

　とても重要な章で，**研究の設計図**を示します。まず先行研究を活用して課題の重要性を述べます。さらに既存の論文の批評をし，研究テーマの新規性を訴えます。最後にそのテーマの課題をいかに克服したのか記載します。また経営学論文ではここで Literature Review を入れることが多くなります。

● Method　研究の実施方法

　研究方法が妥当で信頼性があることを読者に伝えます。先行研究の代表的な手法を参考にして，データの収集の対象や，時期，方法などを詳細に書きます。他の研究者が同じ条件で，同じ実験や検証が可能なように**研究の再現性**を明確にします。

● Result　研究結果の報告

　研究の結果を正確に伝えます。研究領域の先行研究を参考に，図や表を入れるとわかりやすく，読み手にインパクトがあります。

● Discussion　考察

　得られた結果の解釈を行います。該当する研究領域にどのような**理論的な貢献**をしたのか，具体的に述べます。イントロダクションで記載した，これまでの理論と比較して，**研究成果の価値や独自性**を訴えます。ヘッジ（主張を抑え，議論を防御するための表現）をうまく活用して，自分の議論の弱点を防御します。☞**Q10**

　自分の研究の不備な点や，不足する情報を書くことで，客観性を示します。さらに，今後の研究課題についての示唆（Implications）を書くと論文の価値が高まります。

● References　参考文献

　参考にした研究ではなく，**本文中に記載したものだけ**を書きます。特に書籍の引用の場合はページ番号も書くべきです。これらは書き手の主張を裏付ける証拠となるので正確に記載します。

● Appendix／Appendices　付表

　研究の再現性を示すために，実験などに使った資料や，本文中に記載できなかった図表をもれなく書きます。経済学・経営学のジャーナルは，Online

Appendix や Web Appendix といった形で，インターネット上に詳細な追加情報を記載することもあります。

2　英文の一貫性で読者に情報を記憶させ，内容を理解させる

　論文の各章の詳細な書き方を説明する前に，論文全体に共通する英文の「一貫性（Coherence）」の構築について確認しておきます。英文に一貫性があることで重要な情報を読者が記憶でき，内容を理解できるのです。

　認知言語学では，一般に人の理解は，脳内で言語事象を記憶し，それを再処理する過程で実現すると考えられています。言語の記憶には短期記憶（Short-term memory）と長期記憶（Long-term）があり，前者は一時的に記憶中枢に留まりますが，すぐに消えます。短期間に事象を処理するのでワーキングメモリー（Working-memory）とも呼ばれています。長期記憶は，この短期記憶が，特定の事象に関係している記憶のネットワークである「スキーマ（Schema）」に関連付けられて，記憶として残ります。

　学術論文の英文などに記載している複雑な言語は，短期記憶から長期記憶に変えて脳内に留めて，ようやく理解することができます。

　それでは，長期記憶に変えるにはどのような作業が必要でしょうか。これには，まずスムーズな流れを作り，読みやすい英文を構築します。☞Q3

　この流れの中で，同じ言語情報の「繰り返し（Frequency）」，「情報の際立ち（Salience）」が必要となります。これらの行動により，脳の記憶中枢にある，スキーマを刺激し活動させます。新しい言語情報はこのスキーマに結び付けられて，情報のネットワークの一部として記憶されます。

　これらを実現するために英文ではパラグラフ単位で，スキーマの活性化，言語情報の繰り返し，そして際立ちを行います。まず，パラグラフの最初にトピックセンテンス（Topic sentence）で大まかな情報を与え，どのような事象に関連する話題なのか示し，読者のスキーマを活性化させます。ここに記載した同じ内容を，同一パラグラフ内の続く文で繰り返します。また，読みやすく誘導するために，文頭にメタディスコースを置き，流れを遮ることで，読者の注意を喚起し，情報を際立たせます。☞Q9

　以上の文の流れ，繰り返し，際立ちを組み立てることで一貫性の構築が実現できます。それでは，具体的にどのように英文パラグラフを書くのか見ていきましょう。

```
戦略18
　パラグラフで情報を繰り返し，際立たせて読者に記憶させ理解させる
```

3　パラグラフの基本 Move

　英文の基本単位はパラグラフです。1つのパラグラフで1つの話題を記述します。短いパラグラフでは，以下の3段階の構成となっています。論文でも，この流れが基本になるのでしっかりと身につけましょう。

1　トピックセンテンス（Topic sentence）：パラグラフの話題と展開
2　サポートセンテンス（Supporting sentence）：トピックセンテンスをサポートする内容
3　具体例（Example）：サポートする具体例

　図1-1のように，まずトピックセンテンスで，このパラグラフは，何について，どのように話題を展開するのか読者に伝えます。このように，パラグラフの最初で大まかな情報を伝えておけば，読者はその話題に関する脳内の既存の知識スキーマが活性化され，読む準備ができます。次に，トピックセンテンスの話題の展開に沿って，サポートセンテンスにより特定の観点から主張をサポートしていきます。さらにその具体例を証拠として述べます。

　このような情報の流れをパラグラフのムーヴ（Move）と呼びます。図1-1の逆三角形のように，一般的な話題から詳細な例へと，より具体的なムーヴを構築すれば読みやすくなります。このように，トピックセンテンスで示す内容を，言い方を変えて合計3回繰り返すことになります。また，具体例を示す際にFor example など読者に読み方を伝えるメタディスコースを使い，情報を

[図1-1]　3文で構成されたMove

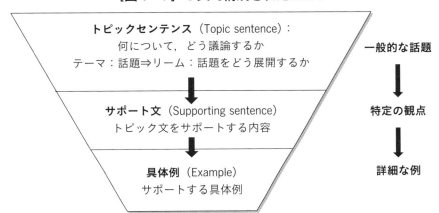

トピックセンテンス（Topic sentence）:
何について，どう議論するか
テーマ：話題⇒リーム：話題をどう展開するか

一般的な話題

サポート文（Supporting sentence）
トピック文をサポートする内容

特定の観点

具体例（Example）
サポートする具体例

詳細な例

際立たせます。☞Q9

　それでは，次の 例文73 のパラグラフはどのような Move になっているでしょうか。

例文73　The first turning point for the temporary worker issue was the easing of the labor law in 2004 under the ministration introducing American-style deregulation. Through this change, temporary workers can work on factory lines and in other jobs once largely restricted to full-time workers. For example, automobile and electronics industries can use temporary employees with low wages and enjoy the benefits from the reform.（最初の非正規雇用問題の分岐点は，2004年に当時の政府の下で，米国式の規制緩和を導入し，雇用規制を緩めたことである。この変更に伴い，それまで正規雇用者しか働けなかった工場のラインで非正規雇用者の労働が可能になった。具体的には，自動車や電機産業が非正規の雇用者を低賃金で雇い，その改正による利益を享受できるのである）

　この例文は，次のような Move で読者が読みやすいように，パラグラフの大まかな内容から，より詳細な情報の流れで話題を繰り返しています。

第1文：トピックセンテンス　The first turning…

　話題：非正規雇用問題の分岐点

　話題の展開：これを2004年の**法改正の観点**から記述する。

↓

第2文：サポートセンテンス　Through this change,…

　法改正によって，工場のラインで非正規の雇用が可能になった。

↓

第3文：具体例　For example,…

　具体例として，自動車産業や電機産業において賃金の低い非正規雇用が可能になった。

戦略19

パラグラフは大まかな内容提示から詳細な情報の流れで一貫性を構築する

👍 トピックセンテンスで，何を，どのように書くのか伝える

👍 サポートセンテンスで話題の展開に沿って説明していく

👍 説明の証拠として具体例を示す

4　長いパラグラフの Move

　学術論文のように複雑な概念を取り扱う場合は，長いパラグラフを書くことになります。このような場合は図1-2のような Move で英文の一貫性を構築します。

　短いパラグラフと同様に，トピックセンテンスでパラグラフの中心の話題を述べ，それをどのように展開するかを示します。次に，3つ，または4つくらいの観点から，提示した話題を論証していきます。より詳しく説明するときに具体例を加えます。なお具体例は，必ずしも記載しなくてもかまいません。

　このように長い英文になる場合は，最後に Concluding sentence というパラグラフのまとめ文を記載し，読者に内容を再度確認させ記憶させます。

［図1-2］長いパラグラフの Move

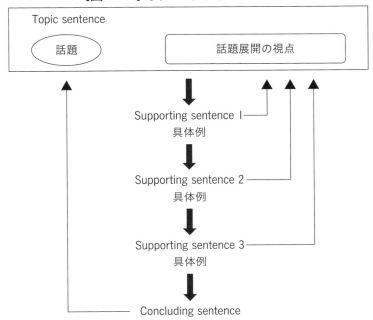

　次の **例文74** のパラグラフの Move を分析してください。これはサポートセンテンスが4つあり，図1-2で示した構成より長くなっています。

例文74　　The financial crisis of 2008 has accelerated negative impacts of the deregulation on the labor market. A series of financial problems starting with bankruptcy of Lehman Brothers in the U.S.A. caused damage all over the world. For example, as many Japanese manufacturing industries heavily depend on American market, they suffered from the serious recession. Thanks to the government reform of the Labor Law, these companies held many dispatch workers. They could start terminating their contracts with workers in fragile situations. According to the Labor Ministry, 131,000 people were laid off between October 2008 and March 2009. In particular, the majority of them were temporary workers who were sent by staffing agencies or hired on short-term contracts. Due to the reduction of the labor cost, big companies gradually recovered from the difficult conditions. The total ordinary profit almost doubled from 2009 to 2016 and their financial situation has become very stable. Since the financial crisis, they still decrease the number of full-time staffs and increase that of temporary workers. They seem to have become reluctant to invest money into human resources, which were once regarded as the most important asset of a company. (2008年の金融危機は労働市場の規制緩和のマイナス面を助長した。米国のリーマンブラザーズの倒産により始まった一連の金融問題は，世界中にダメージを与えた。例えば多くの日本企業が米国市場に依存していたので，深刻な不況で困難な状況に陥った。政府の労働法の改正のおかげで，これらの企業は多くの非正規社員を抱えていた。企業は脆弱な条件の契約による社員の削減開始が可能になった。労働省によると，2008年の10月から2009年の3月の間に，13万1千人が職を失った。彼らの多くは，派遣会社からの派遣社員や短期雇用の従業員であった。労務費の削減により，これらの企業は徐々に困難な状況から回復に向かった。経常利益の合計は2009年から2016年に2倍になり，財務状況はかなり安定した。金融危機以来，企業はいまだに正規雇用を減らし，非正規雇用を増やしている。かつては，最も重要な資産と考えられていた人的資源への投資を渋っているように思われる)

　この例文は，次のようなトピックセンテンスに続く4つのサポートセンテンスとそれぞれの具体例および結論と結語というMoveでパラグラフに一貫性を構築しています。

第1文：トピックセンテンス　The financial crisis…

　話題：金融危機の影響

　話題の展開：労働法規制緩和による悪影響を助長した。

↓

第2文：サポートセンテンス1　A series of financial…

　米国のリーマンショックの影響

↓

第３文：具体例　For example,…

　具体例として米国市場依存の日本企業の不況

↓

第４文：サポートセンテンス２　Thanks to the government…

　労働法規制緩和の恩恵による非正規社員の保有

↓

第５文：具体例　They could start…

　非正規雇用の削減が可能であった

↓

第６文：サポートセンテンス３　According to the Labor…

　13万１千人が職を失った

↓

第７文：具体例　In particular,…

　特にその大多数は非正規雇用者

↓

第８文：サポートセンテンス４　Due to the reduction…

　労務費削減の恩恵

↓

第９文：具体例　The total ordinary…

　経常利益の改善

↓

第10文：結論　Since the financial…

　金融危機以来正規を減らし非正規を増やしている

↓

第11文：結語　They seem to become…

　人的資産への投資を渋っている

　このような構成にすれば，トピックセンテンスで示した内容を４つの観点から分析して繰り返し読者に伝えることになります。最後に結論の部分で，もう

一度繰り返し，トピックセンテンス，サポートセンテンスと合わせて合計三度，1つの話題について記述することになります。

戦略20

長いパラグラフは最後に結論や結語を書き読者に内容を再確認させる

👍 トピックセンテンスの内容を三度，読者に伝えて記憶させる

第2章

先行研究の読み方と論文引用の書き方

この章のポイント
☑ 論文は先行研究で始まり先行研究で終わる
☑ 新しい研究課題のヒントは先行研究にある
☑ 論文の客観性は先行研究で構築する

1 学術論文の前提

　研究論文の前提は，専門分野や研究領域に**新しい価値を加える**ことです。それでは，自らの研究成果が新しい発見や概念だということをどのように証明すればよいのでしょうか。

　英語論文ではこれを，**先行研究ではこれまで行われなかった**という観点から確立していきます。次の **例文75** では，コーパス分析の結果，使用頻度が高かった There is little empirical study という表現を使い，これまで実験的な研究がほとんどなかったことを指摘しています。

例文75 There is little empirical study of how negative signals are unique from other signals.（そのようなネガティブなシグナルが他のシグナルに比べて，いかに特異なものか実験したものはほとんどない）

　ところがこのように書いて投稿して，関連するテーマの先行研究が抜けている場合は，査読者はそのことを指摘します。極端な場合は，十分なレビューが行われていない未完成なものだと考えます。実績のある査読者が選ばれる理由は，その領域の重要な研究を把握しているからです。☞Q2

　つまり，論文の独自性，新規性を訴えるためには，関連する領域の先行研究

をすべて確認する必要があります。ただし，世界中にはトップジャーナルから各大学の紀要までさまざまな学術雑誌があり，論文が数多く存在します。そのため，一般的なルールとして，少なくとも**主要なジャーナルに掲載された論文は外せない**と考えられています。

　主な学術誌の先行研究をレビューした結果，まだ行われていない研究課題だということを示すのが前提となるのです。

> **戦略21**
>
> **主要ジャーナルに掲載された同様のテーマや研究手法を使った論文は必ず引用する**

2　先行研究の読み方

　先行研究を読むといっても，ただ大切だと思う所に線を引くだけでは意味がありません。必要なのはクリティカル・シンキング（Critical Thinking：CT）を活用した読み方です。これは自分が書く論文の**新規性を構築するため**の読み方です。

　具体的には，論文の以下の5つのポイントに疑問を持って読んでいきます。

2-1　理論やモデルに基づく解釈：分析結果を解釈する背景となる理論

●CT①　なぜ，その理論・モデルが重要だと著者は考えているのか？

　これは，通常は論文の Introduction の初めのほうに明記されています。次の英文は Handel（2013）の書き出しです。この論文では，健全な保険市場の障害がテーマで，その中で下線の研究者たちが初期に唱えた adverse selection という理論に基づいた考察だとわかります。

"A number of potential impediments stand in the way of efficient health insurance markets. The most noted of these is adverse selection, first studied by <u>Akerlof (1970), and Rothschild and Stiglitz (1976)</u>." Handel

（2013：2643）（健康保険市場を効率良くするのに多くの潜在的障害がある。これらの中で最も注目すべきものは，下線部の学者が最初に研究した adverse selection である）

このように論文の中心となる理論を最初に書くのが鉄則です。読む際は，なぜ著者がその理論が大切だと考えているのか見つけてください。皆さんが書く課題と同じ領域の論文を読み続ければ，多くの著者が引用している理論が明らかになります。これが，いわゆる第一人者が構築した理論やモデルとなります。

トップジャーナルでは，この**第一人者の理論へのチャレンジ**が求められます。チャレンジとは，理論を**さらに発展させる，弱点を補強する，または反証したり，例外を見つけて異なる理論の提案**を行うことです。最終ゴールは新しい理論やモデルの構築となります。

アドバイスとして，第一人者たちの論文だけでなく書籍も読みましょう。本には，研究者の思想や哲学が書かれています。これを理解すれば，その理論を構築した理由や背景がよくわかり，チャレンジがしやすくなります。

戦略22

研究で重要なのは既存の理論やモデルへのチャレンジ
👍 チャレンジ１：理論をさらに発展させる
👍 チャレンジ２：理論の弱点を補強する
👍 チャレンジ３：異なる理論を提案する

2-2　サンプル：実験や調査の対象者や対象物

● CT②　なぜ，それらを対象としたのか？

Method の章の Research Design を読めば，研究の対象が明らかになります。例えば，対象が人の場合は，在住している場所，職業，年齢，性別やその他の検証に影響を与える「変数（variable）」が記載されています。

どうしてそれらを選んだのか，なぜ他では実施できないのかを把握してください。後の Introduction の書き方で詳しく述べますが，これまで行われた実験と異なるこのサンプルを対象にすることが，皆さんの論文の新規性を出す一

番容易な方法です。

2-3　実験などの条件：データの種類や出典，集めた時間，季節，場所などの制約

●CT③　なぜ，それらの条件で検証を行ったのか？

　これらは実験などの**対象に影響を与える因子**となります。このため，読んだ論文が，なぜそれらの条件でデータを集め，なぜそれらが最適といえるのか考えながら読んでください。

2-4　検証に使用したタスクとデータの収集方法

●CT④　なぜ，そのタスクが研究成果を得るのに最適なのか？　他のタスクを選ばなかった理由は？

　データを集めるのに公刊資料を使ったり，質問紙を活用したりします。また観察や，インタビューを行うこともあります。この情報収集の際に対象者や対象物に負荷を与えるタスクによって，取得したデータの性質は大きく異なります。例えば質問紙調査でも，自由記述と，因子分析の結果などで構築した信頼性の高い質問紙では，得られるデータの性質が大きく異なります。インタビュー調査も自由な形式と，実験者が既定の手順に沿ってコントロールして質問を行うタスクでは取得できるデータの内容が違います。

　論文を読む際に，なぜ著者がそのタスクを採用したのか，どうして，その方法が著者の提示したリサーチ・クエスチョンに答えるのに最適なのか考えながら読みましょう。

2-5　収集したデータの分析手法

●CT⑤　なぜ，その分析方法が研究課題の達成に最適なのか？　他の分析方法はなかったのか？

　取得したデータの意味付けを行うのに，著者は特定の分析方法を選択します。例えば，統計分析の多変量解析にも重回帰分析，因子分析，判別分析などさまざまな手法があります。著者が選んだ分析手法の妥当性を確認しましょう。

　また，この CT を実行していけば，皆さんの論文で特定のデータ分析方法を選択する際の参考になります。アドバイスとしては，レビューした研究の中で，**最も使用頻度の高い手法**を使うのが無難です。次の **例文76** では，「先行研究で確立された手法を活用した」ことが記述されています。このように記載しておけば，査読者から「なぜその分析方法を使ったのか？」という問いを避けることが可能です。

例文76　To solve such a problem Cook（2010）proposes an established inner-outer method <u>that we use here</u>.（そのような問題を解くのに Cook（2010）は，確立された inner-outer method を提案し，<u>それを我々も活用する</u>）

3　先行研究レビュー・フォーマット

論文執筆にあたっては，先行研究を確実に読みこなすことが前提となります。

［図 2 - 1］ Critical Thinking Review Format（CTRF）

```
                                                      CT Review No.
Author（s）:                Published Year
Title:
Journal:                   Volume:           Pages
 1. Background Theories or Models（背景となる理論やモデル）
    Why?
 2. Sample（s）（研究の対象）
    Why?
 3. Research Conditions（研究の条件）
    Why?
 4. Tasks（検証タスクとデータ収集方法）
    Why?
 5. Data Analysis（データ分析手法）
    Why?
 6. Limitations:（著者が述べている研究の不十分な点）
```

図2-1 Critical Thinking Review Format を適宜活用し，2で説明した5つの各項目に沿って CT を記録していきましょう。

　メモの最後の6の Limitations は，論文の Conclusion の章で著者が記述している研究の不十分な点，または達成できていない課題をそのまま書いておきます。

　これらのメモを多く記録することで，皆さんの研究課題の設定がより明確になっていきます。また，後で詳しく説明していきますが，論文執筆の際の Introduction や Discussion の章の執筆が容易になります。

戦略23
5つの CT 観点から先行研究をレビュー・フォーマットに記録

4　先行研究の記載方法

　Citation と呼ばれる先行研究の引用の方法には一定のルールがあります。これを間違うと，読み手にうまく伝わりません。以下に一般的な記述方法を示します。なお，細かい表記の仕方はジャーナルによって多少異なるので，投稿前に必ず確認しましょう。引用には主に次の3つの方法があります。

- 統合引用（integrated-citation）：名前・年数を文中に直接入れる
- 非統合引用（non-integrated-citation）：文末に名前・年数をまとめる
- 引用番号表記：文末に数字を書き，そのページの下の脚注に記載する，または論文の最後の References に番号順に実際の引用文献を記載する

4-1　統合引用の書き方

　統合引用を使う場合，**その研究自体に焦点**を当てていることになります。書き手が主観的に，自分の論文の中で**重要な位置を占める研究**と考えて引用します。

　先行研究の引用の基本は，研究者の Last name とその論文や著書の発表年を記載することで示します。

- Barker（2008）：Barker が2008年に発表した研究内容
- Barker（2008, 2013）：Barker が2008年と2013年に発表した研究内容

　同じ年に，同じ著者が複数の論文を執筆している場合は，次のように古い順に発表年の後にアルファベットを付けて区別します。

- Barker（2011a）…Barker（2011b）

　これらを1文中に書くときは，Barker（2011a, 2011b）となります。複数の著者の場合は次のように and で記載します。

- Barker and Charles（2018）

　3名以上の場合は最初の著者名の後に et al. を付け発表年を書きます。

　et al. はラテン語の et alii（その他の人）が語源とされています。

- Malcolm et al.（1959）

　ジャーナルによっては3名でも全著者の姓を記載することがあり，その場合は次のように，姓の後にコンマを入れ，最後の姓の前に and を入れます。

- DiNardo, Fortin, and Lemieux（1996）

　しかし，これらを2回目に引用する時は，et al. を使い記載します。

- DiNardo et al.（1996）

　論文の一部を**直接引用する場合**は，該当する部分を“　”（quotation mark）で囲み，著者名・発表年と共にページ番号を記載します。Brain（2013）の202ページの引用は以下のようにコロンの後に記載するか，ページ番号を意味するp.を入れます。

- Brain（2013：202）または Brain（2013 p.202）

4-2　非統合引用の書き方

　非統合引用は，記述した内容が一般に**客観的な事実として認識**されていると考え，その**根拠となる研究**として文末に記載します。

　引用を文末などに記載するときは（　　）の中に入れ，名前と発表年の間にコンマを入れます。

- …（Barker, 2016）

　なお，AER（*American Economic Review*）などはコンマを入れずに

（Barker 2016）となります。

著者が複数で（　　）に入れる場合は名前の間に＆を入れます。

● …（Barker & Charles, 2018）

ジャーナルによってはコンマを入れずに年数を（　　）に入れ，and も記載
します。

● *Econometrica* の例　…（Barker and Charles（2018））

２つ以上の研究を（　　）の中に並べる場合は，**間にセミコロン**を入れます。
順番は，研究者名の**アルファベット順**に記載します。

● …（Audia, 2006; Barker,1998; McKinley & Barker, 2010）

これが *Econometrica* などでは次のようになります。

● …（Audia（2006），Barker（1998），McKinley and Barker（2010））

戦略24

先行研究の統合表記と非統合表記を使い分ける
👍 統合表記は研究自体に焦点を当てた，論文で重要な位置を占める研究
👍 非統合表記は，客観的な事実として認識された事象の根拠となる研究

4-3 引用番号の書き方

これは，一般に Footnote（脚注）のような形で記載する方法です。関連する研究成果が多いときや，研究に関する説明が必要なときに活用します。

次は Green and Taylor（2016: 3666）の論文の一部です。

"There is a rich existing literature exploring settings where parties learn about the value of a project over time. 10".

これには次のような脚注が同じページに記載されています。なお，See は
「参照のこと」という意味で使い e.g. は「例えば」の意味です。

"10 See, e.g., Levitt and Snyder（1997）; Bergemann and Hege（1998, 2005）; Inderst and Mueller（2010）; Manso（2011）; Horner and Samuelson（2014）; Halac, Kartik, and Liu（2016）."

5　脚注の書き方

　脚注は，前述の 4‐3 で示したような先行研究を引用する以外に，査読者にとって必要だと思われる説明をあらかじめ加えるときに使います。主な記載事項は，CT で示した 5 つの質問項目に事前に対処する内容です。査読者も Q2 で示した「査読評価基準の 5 原則」を確認するためにこれらの CT の観点から読むからです。以下に一部の例を示しますので参考にしてください。なお，脚注を記載しないジャーナルもあるので投稿前に必ず確認しましょう。

5‐1　CT①への対処：
　　他にも重要な理論やモデルの存在を認識している例
　例文77 は maximum likelihood の計算方法もあることを認めた上で，ここで採用した方法が英国人には適合すると補足しています。

　例文77　Maximum likelihood can be used to calculate the relative risk aversion for the different income levels. However, as Young（2010）demonstrates, the current model is acceptable for the sample of the British population considered here.（推定量でも異なる収入レベルによる相対的リスク回避を計算できる。しかしながら Young（2010）が提示したように，英国の人を対象にした際には，このモデルが受け入れられる）

5‐2　CT②への対処：サンプルの選び方の例
　次の 例文78 では，サンプルの被験者の選び方と，分類の仕方を脚注で説明しています。

例文78　Participants in our experiments <u>were randomly selected</u> by their personal ID number and <u>classified according to</u> the characteristics of the participant.（我々の実験の参加者は，個人番号で<u>ランダムに選ばれ</u>，参加者の<u>特徴によって分類された</u>）

5-3　CT③への対処：実験などの条件の例

例文79 は検証の条件に関して，先行研究との違いを脚注で説明している例となります。

例文79　Although Scotts（2002）demonstrated the temporal stability of risk attitudes in the lab experiments for a relatively short period, <u>our research aim is to examine</u> such attitudes in more authentic contexts in a longer period.（Scotts（2002）は比較的短い期間の研究室環境におけるリスクに対する態度を提示したが，<u>我々の研究目的の検証は</u>，より実際の状況で長期における，そのような態度に対するものである）

5-4　CT④への対処：実験タスクとデータの収集方法の例

次の **例文80** では，研究で使うデータの出典を補足しています。

例文80　<u>Source</u>: *Brand Value Index* for 2010 to 2015.
（<u>データの出典</u>：Brand Value Index の2010年から2015年）

5-5　CT⑤への対処：分析手法の例

例文81 では，論文で採用した分析手法が，なぜ適切なのか脚注に記載しています。

例文81　<u>This analysis method allows us to handle</u> the financial crisis in 2008 and unavoidable catastrophes without modifying the framework.（<u>この分析手法</u>がフレームワークを変えないままで，2008年の金融危機や避けがたい災害に<u>対処できる</u>）

脚注は，これ以外にも，研究助成への謝辞やグラフや表の詳細な読み方の説明を書きますが，これらは後の Acknowledgement やグラフ・表の書き方で触れます。

戦略25

脚注を活用して，査読者が行う5つの CT に備えて，より詳しい情報を記載する

チャレンジ問題7

　次の2つの例文の引用には，それぞれどのような著者の意図があるか説明してください。

1　Richard（2017）recognizes the importance of qualitative data analysis in the field of labor motivation.
2　The importance of qualitative data analysis in the field of labor motivation is identified（Richard, 2017）.

［解答は巻末に掲載］

第**3**章
先行研究に対する書き手のスタンス

この章のポイント
☑ 先行研究に対する書き手のスタンスを表す時制
☑ 出来事動詞と伝達動詞の時制の使い分け

1 研究論文で使う動詞

　前章では，先行研究の記載方法を学びました。ここでは，それらの研究内容について論文で報告する際に，動詞をいかに活用し書き手のスタンス（Stance）を表現するのか見ていきます。スタンスとは，特定の事象や引用した**研究に対する自分の立場**です。

　研究論文で頻繁に使われる動詞の時制は，過去時制（Past tense），現在時制（Present tense），現在完了形（Present perfect tense）の３つになります。書き手は，これをうまく使い分けて，読者に自分の先行研究へのスタンスを示す必要があります。日本語の時制の感覚とは異なるため，不慣れな書き手はよく誤った使い方をしてしまいます。結果として査読者にとって読みにくい英文となります。

　まず論文で多く使われる動詞は，出来事を表す動詞（Event verb）と伝達動詞（Reporting verb）の主に２つがあります。

2 出来事動詞の時制

　出来事動詞は，実際に行われた活動や出来事などで，それが実施された時点によって過去時制，現在時制で表現します。次の **例文82** は，小売業者が**現在実施している**商習慣を現在時制で表しています。

例文82　Retailers frequently <u>lower</u> their prices below the competitors' level.
（小売業は，しばしば競争相手より安くなるように価格を<u>下げる</u>）

　一方，次の **例文83** では，Edison が「プロジェクトを引き受けた」という**過去の1時点での出来事**を過去形で表しています。

例文83　Thomas Edison <u>undertook</u> a variety of ambitious projects.
（Thomas Edison はさまざまな大がかりなプロジェクトを引き受けた）

3　伝達動詞

　伝達動詞は，**先行研究の成果などを読者に報告する**際に使われる動詞です。これらは，現在時制，過去時制，現在完了形で使われる際に，それぞれ異なる書き手のスタンスを示すことになります。

3-1　現在時制

　現在時制は，書き手の見解を強く示すときに活用されます。次の **例文84** では，Hugh の2002年の論文では，特定の役割に焦点を当てていることを書き手が報告しています。

例文84　Hugh（2002）<u>highlights</u> their role in regulating access to resources.（Hugh（2002）の研究は資源へのアクセスを制限する，それらの役割に<u>焦点を当てている</u>）

　ここで注目したいのは，Hugh の研究は，2002年に行われたことなので，今の時点ではすでに過去の内容です。しかし動詞は highlights という現在時制になっています。これはなぜでしょう。

　この答えは，この文は動詞の現在形を使うことで，**書き手のスタンスに近く支持している内容**として報告しているからです。このように伝達動詞の時制は，それが行われた時期ではなく，**伝達する内容と書き手のスタンスの距離**を表します。

3-2　過去時制

　過去時制は，一過性のもので**書き手のスタンスとは距離のある**内容を伝達するときに使われます。次の **例文85** では In contrast to our approach という文頭のメタディスコースで始め，書き手とは異なる手法を使った内容が来ることを示しています。このため Stewart（2009）の研究の報告に関しては，いずれも**過去時制を使い，書き手のスタンスとは異なる**ことを伝えています。

例文85　In contrast to our approach, Stewart （2009） <u>performed</u> a simple calibration exercise to evaluate the data and <u>did not explore</u> its ability to explain business cycle dynamics.（我々のアプローチとは対照的に，Stewart（2009）ではデータの評価に単純キャリブレーションを<u>実施しており</u>，ビジネスサイクルのダイナミックスの説明の可能性を<u>探究していない</u>）

3-3　現在完了形

　それでは次の例文のような，現在完了形はどのようなスタンスとなるでしょうか。

例文86　Numerous ideas <u>have been advanced</u> regarding CMOs' function.（CMO の機能に関する多くのアイディアが<u>進歩を続けている</u>）

　現在完了形は，過去のある時点から現在まで続いている事象と考えます。**例文86** は，**過去から複数の研究が支持している客観的な報告**となります。

　後で詳しく述べますが，現在完了形は書き手の研究テーマなどの**客観的な価値を示す**ときにも活用されます。次の **例文87** のように，複数の先行研究が支

持していることを表現し，論文の取り扱う課題の重要性に客観性があることを
示せます。

例文87　Many organizational studies <u>have considered</u> the effects of
accountability in various organizational decision-making context（Alex,
1985; Smith, 2004; Woodson, 2015）.（多くの組織論の研究がさまざまな組織的
意思決定の状況の説明責任の影響を<u>考慮している</u>）

4　伝達動詞の時制のまとめ

書き手が活用する時制のスタンスを図3-1にまとめてみました。

［図3-1］時制による書き手のスタンス

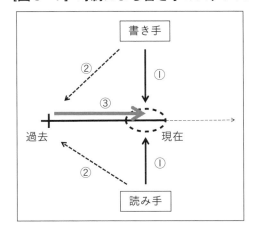

論文において，他の研究者の成果を現在時制で報告すれば，①のように，自
分の目の前に概念的に存在していることを示します。そのことを読み手と共有
し，**内容を支持している**ことになります。読み手は，自分にとっても大切な情
報だと認識します。

②のように過去時制は，書き手の今いるポジションから距離があることを示
しています。伝達内容は，過去の一時期に存在したもので，**今はそれほど書き**

手のスタンスに影響を与えない事象を示唆します。読み手は，書き手の論文内容に対して，それほど重要でないことだと理解します。

　現在完了形は③のように，過去からの連続性があり，目の前にいる書き手もそのことを支持しているスタンスです。書き手だけでなく，先行研究がこれまで同様のことを伝達していることを示唆し，**客観性を構築**します。読み手は，広く認識されている内容について書いていると考えます。

戦略26

伝達動詞の時制を使い分け，書き手のスタンスを示す
- 👍 現在時制：書き手が支持し論文で重要な位置を占める
- 👍 過去時制：書き手はそれほど支持していない―過性のもの
- 👍 現在完了：複数の研究者が認識している客観的な内容

5　that 節を伴う伝達動詞の時制

　報告動詞は，that 節と共によく使われます。**例文88** のように argues という伝達動詞の後に that 節を伴い，具体的に Brown（2008）が述べたことを記載しています。

例文88　Brown（2008）<u>argues</u> that employees <u>develop</u> trust with the employer with strong psychological contracts.（Brown（2008）では，労働者は強い心理的な契約があれば，雇用者と信頼を<u>構築すると</u><u>述べている</u>）

　このように that 節では，that の前と後に**２つの動詞があり，それぞれ時制が書き手のスタンスを表します**。that の前の動詞の時制は，引用した研究に対する書き手のスタンスを示します。that の後の動詞の時制は報告した内容そのものになります。上の例では，argues は現在時制なので Brown（2008）の研究は，書き手のスタンスと同じで，論文の中で重要な位置にあることがわかります。また，that の後の develop も現在時制なので，書き手はその報告

内容を支持していることになります。

6　that 節が時制の一致を受けない例

　研究論文では，伝達動詞の活用で書き手のスタンスを表すため，必ずしも，that 節における時制の一致を受けません。

　次の **例文89** を見てください。ここでは，James（2003）が評価を行ったのは，**過去の事実**としていますが，その報告内容は**書き手のスタンスに近い普遍性がある**ことを示しています。前の動詞は過去形ですが，後ろの動詞は現在形で時制の一致を受けていません。

例文89　James（2003）<u>estimated</u> that two thirds of that loss <u>is</u> attributable to harmed firm reputation. （James（2003）は，その損失の3分の2は企業の評判の損害に<u>よるものである</u>と<u>評価した</u>）

　同様に次の **例文90** でも that の前は showed ですが，後ろの動詞は are となっています。were という過去形ではなく，時制の一致を受けていません。Robison（2005）の研究を過去に行われた事実として認識しており，書き手の論文にそれほど影響を与えません。一方，その報告内容は，書き手が**今の時点で支持している事象**のため現在時制を使っています。

例文90　Robison（2005）<u>showed</u> that they <u>are able to</u> explain the response of unsustainable consumption to the rebate payments. （Robison（2005）は，それらがリベート支払いに対する，持続不可能な消費に対する反応を説明<u>できる</u>ことを<u>示した</u>）

> **戦略27**
> **that 節の動詞の時制で，先行研究に対するスタンスを表す**
> 👉 内容を支持しているときは that の前が過去でも時制の一致を受けない

7　研究論文における動詞と時制の使い分けのまとめ

　論文における，出来事動詞と伝達動詞の一般的な時制の活用方法を表3-1にまとめています。

［表3-1］出来事および伝達動詞の時制の活用法

時制	出来事	伝達
過去時制	・過去の一時点 ・今は異なる	・一過性のもの ・必ずしも支持はしない
現在時制	・現在の一時点 ・習慣や普遍の事象	・自分と同じスタンス ・普遍性がある
現在完了	・過去から始まり，今も続いている事象	・複数の研究者も支持 ・客観性がある

　皆さんが執筆するときは，特定の動詞がどちらのタイプなのかよく考えてください。また特に伝達動詞では，それぞれの時制が**書き手の特定のスタンスを示す**ので注意して選択してください。

8　研究論文で活用される伝達動詞

　以上のように，研究論文では伝達動詞の時制を活用して先行研究に対するスタンスを表現します。それでは，経済・経営のトップジャーナルの論文コーパス MERAC（Management and Economics Research Article Corpus）において，どのような伝達動詞の使用頻度が高いのか見てみましょう。先行研究について述べる伝達動詞は以下のように主に3種類あります。これらは皆さんが実際に論文を書くときに重要な表現となります。

　　1　研究の手順や発見の報告
　　2　先行研究の執筆者の考え
　　3　先行研究へのコメント

8-1　研究の手順や発見の報告（real-world verbs）
　これは，先行研究の中で実際に行われた手順を報告したり，発見について述

べたりする動詞です。このため real-world verbs と呼ばれ，「先行研究が〜を行っている」という用法です。以下のような動詞が使われ，**単なる一過性の事象**として報告するときには過去形も使われます。

● use, conduct, examine, investigate, explore, find, show, demonstrate

　表3-2にこのグループの伝達動詞と，同じ意味で使われる動詞のニュアンスの違いを記載しています。また，MERAC の特徴語として，どのような時制で使われるのか，参考までに（　）の中に使用頻度を掲載しています。

［表3-2］研究の手順や発見の報告の動詞

意味	ニュアンス	MERACにおける時制ごとの使用頻度
使う	一般に	use（1517），used（1076）
実行する	実験などを	conducted（183）
調査する	より具体的に 一般的に 探究的に	examine（335），examines（55），examined（203） investigate（104），investigates（16），investigated（40） explore（201），explores（25），explored（94）
示す	一般的に 強調して	show（764），shows（617），shown（438） demonstrate（92）
発見する	具体的に	find（783）

● use, conduct の活用法

　use は現在時制で活用される場合もあり，文献で**使用されている手法を書き手も支持している**ときに使われます。実行するという意味の conduct は，過去形の使用のみで183回使用されています。これは，単に**先行研究で実施された**という事実を述べるときに使う傾向があります。

● examine, investigate, explore の活用法

　これらは，研究における調査を報告する際に主に使われます。この中で，examine と investigate は，ほぼ同じ意味で使われます。一般的には**どちらを使ってもよい**と思われます。ただ **examine のほうが使用頻度は高く**，どちらかというと目の前にある**具体的な課題を調査**するというニュアンスがあります。**investigate のほうが使用頻度は低く**，より**一般的な問題の解決**を求めると

いうニュアンスがあります。

　次の例文は同じ研究者が，この2つの動詞を使い分けている例です。 **例文91** の examine は具体的な「R&D の影響」の調査です。一方，**例文92** の investigate は「どのような影響があるのか」という**やや視野の広い調査**です。また，**例文93** のように explore は，**より広く課題を探究する**という意味合いで使われます。

例文91　They <u>examined</u> the effect of R&D expenditures during the 2010 time period.
（彼らは2010年の時期における，R&D 出費額の<u>影響を調査した</u>）

例文92　They <u>investigated</u> how ownership affects investments.
（彼らはオーナーシップが投資に<u>いかなる影響を与えるか調査した</u>）

例文93　They <u>explore</u> the policy implications of technical change in such a setting.
（彼らは，そのような状況での技術変化の政策的示唆を<u>探究している</u>）

● show, demonstrate の活用法

　これらは，先行研究の成果を示すときに用いられます。より具体的な発見を示すときには find を使います。これらの MERAC の特徴語としての使用は，**現在時制が中心**になります。このような動詞は，**書き手の論文に有効な先行研究の結果**を報告するときに使用される傾向があります。

　一般的には show の使用頻度が高く，demonstrate はより**具体的な証拠などを伴って**示すときに使います。find は，特に書き手の論文に**重要な先行研究の結果**を示す際に使われる傾向があります。次の **例文94** は James and Marks（2003）の研究に対して find を使い，自分の論文に影響のある成果ということを示唆しています。

例文94　James and Marks（2003）<u>find</u> that national culture directly affects consumer financial decision making.（James and Marks（2003）は国の文化が消費者の家計の決定に直接影響があることを<u>見つけている</u>）

8-2　先行研究の執筆者の考え（cognition verbs）

consider や assume は，引用した**研究者が論文の中に述べている意見や考え**を，書き手が読者に伝達する動詞です。cognition verbs と呼ばれるのは，先行の研究者の考えを伝えるからです。

それほど多くの種類の動詞が MERAC の特徴語として使われるわけではありません。しかし表3-3のように，これら代表的な動詞の使用頻度は高くなっています。既存の研究者が想定した内容であり，**書き手がそれを検証したり，反証したりする前提**を示す際に用いられます。

[表3-3]　先行研究の執筆者の考えを伝える動詞

意味	MERAC における時制ごとの使用頻度
考える	assume（340）, assumes（79）, assumed（135）
見なす	consider（517）, considers（67）, considered（247）

例文95 では，先行研究における考えについて assume を使って報告しています。**例文96** では，have considered と現在完了形を使い，伝達内容が複数の研究によって一般的な事実として認識されていることを示しています。これらの先行研究の考察に対して，書き手がこれから何らかの議論を行う際に活用される動詞です。

例文95　Newman and Littlemore（2011）<u>assume</u> that income earners can engage in rent-seeking at the expense of tax revenues.
（所得者は税収入の費用を負担しても利潤を追求すると<u>考えている</u>）

例文96　Previous studies <u>have considered</u> such aspects of consumer financial decision making as budget allocations across categories.（先行研究ではそのような消費者のファイナンスの決定の側面を，分野をまたぐ予算配分と<u>見なしている</u>）

8-3　先行研究へのコメント（discourse verbs）

　これらの動詞は，先行研究の成果を報告する際に，書き手の立場がコメントとして示されます。書き手が**特定の意図をこめて伝える**ので discourse verbs と呼ばれています。具体例として以下のような動詞があります。

● suggest, propose, describe, discuss, report, argue, note

［表 3 - 4 ］　先行研究へのコメント

意味	ニュアンス	MERACにおける現在・過去・過去分詞での使用数
示唆する	一般的に	suggest（428），suggests（528），suggested（182）
提示する	具体的に	propose（114），proposed（169）
記述する	詳細に	describe（166），described（350）
報告する	一般的に	report（294），reports（309），reported（361）
述べる	一般的に	discuss（149），discussed（183）
記述する	注意して	note（225），noted（231）

　表3-4に MERAC で使用された，これらの語彙の使用頻度を記載しています。後で具体的な活用例を示しますが，先行研究が示唆する内容を伝える場合は suggest を活用し，より具体的な提示の伝達には propose を使います。報告する研究が詳細に述べている場合は describe を使います。discuss や report は先行研究を中立的な立場で伝えるときに活用されます。また argue は，これらに比べ引用した研究が強く主張していることを意味します。また note は，その研究が特に注目している点や，注意していることを報告する際に使います。

● suggest, propose の活用法

　先行研究で提示された内容について，それが**書き手の論文に示唆を与えているとき**に suggest を使います。また，その研究による**具体的な提示にコメントをする**際に propose を使います。 **例文97** と **例文98** は同じ論文の中の表現の例です。前者は書き手の研究への示唆を述べ，後者は，引用した論文の具体的な提案内容を記載しています。

例文97　Authors <u>suggest</u> the potentially beneficial role of such status variables.（著者たちはそのような地位に関連する変数による潜在的に利益をもたらす役割を<u>示唆している</u>）

例文98　Researchers <u>propose</u> three primary sets of turnover determinants: economic conditions, work-related factors, and individual conditions.（研究者たちは退職における3つの主な決定要因を<u>提案している</u>：経済状況，職場の要因，個人的な状況である）

● describe, discuss, report の活用法

　先行研究が詳細に報告している成果について， **例文99** のように describe を使う傾向があります。Robert（1980）の研究では，3つのタイプについての詳細な記述があることを伝えています。

例文99　Robert（1980）<u>described</u> three types of change that can occur in self-reports of behavior.
（Robert（1980）は自己報告する際に起こる3つのタイプを<u>記述した</u>）

　一方，研究報告の内容を**中立的にそのまま伝えるとき**に discuss や report を活用します。 **例文100** では，研究の成果である関連性を報告しています。また **例文101** では，先行研究で述べられていないテーマを discuss で読者に伝達しています。

例文100　Shohamy（2006）<u>reports</u> that time in the store is positively related to unplanned purchasing.（Shohamy（2006）は店舗にいる時間が，予定していない購入行動に正の相関があることを<u>報告している</u>）

例文101　Only a few papers <u>discuss</u> the network capitalism and market transition theory.（ネットワーク資本主義と市場転移論について<u>述べている</u>のはわずかな論文しかない）

● argue, note の活用法

　これらの動詞を使えば，先行研究の報告内容を強調して伝えることになります。**例文102** と **例文103** は同じ論文の中の表現です。**例文102** は，研究を強調する argued を用いて読者に伝えています。なお，この英文も時制の一致を受けていない例です。少し古い文献からの引用ですが，報告内容の可能性について書き手が支持していることがわかります。☞**戦略27（p.93）**

　例文103 では note を使い，事象の相関関係が書き手の論文にとって重要な報告であることを伝達しています。

例文102　Redman（1992）<u>argued</u> that managers <u>may</u> engage in corporate crime to serve their own short-term needs.（Redman（2007）は，自分たちの短期的なニーズによって管理者たちが企業犯罪を行う<u>かもしれない</u>と<u>議論した</u>）

例文103　Burt and Driscoll（2002）<u>note</u> the correlation between options and efforts to increase share prices.（Burt and Driscoll（2002）は株価の上昇に対するオプションと試みの相関を<u>指摘している</u>）

戦略28

先行研究に言及する3タイプの伝達動詞をうまく使い分ける

1. 研究の手順や発見の報告
2. 先行研究の執筆者の考え
3. 先行研究へのコメント

［補足］
　この章の伝達動詞の活用法は，コーパス分析で明らかになった全体的な傾向です。著者によって，特定の習慣や好みによる使用法の違いがありえます。あくまで初期段階の英文論文執筆の際の参考として活用してください。

第4章
Introduction（序論）の書き方〈1〉:
研究課題の重要性

この章のポイント
☑ Introduction の役割と4つの構成要素
☑ Move（ムーヴ）1の書き方

1　Introduction で読者に何を伝えるか

　読者は論文の Abstract を読んで関心を示した後に，論文の最初の本文である Introduction の部分を読みます。ここでは，研究の全体像を読者に示し，内容を把握してもらいます。**投稿論文の設計図**といえます。また，自分の研究の独自性と，リサーチ・クエスチョンを明確にするために Literature Review を行います。これにより研究仮説を設定する必要もあります。本書では，MERAC の Introduction 章における約28万語を対象にしたコーパス分析の結果をもとに説明していきます。

　ここでは，研究の設計図の提示部分と Literature Review の箇所を Introduction の構成要素として取り扱います。

　この章は，以下のような4つの構成要素があります。

1　Move 1：研究領域の定義と論文テーマの提示
2　Move 2：先行研究の未達成の課題である Niche（ニッチ）の明示
3　Move 3：Niche をいかに達成するかの訴求
4　Literature Review：先行研究の CT（クリティカル・シンキング）レビュー

　表4-1に，これら構成要素の内容と査読者が読む観点を示しています。さらにそれらに対処すべき戦略を記載しています。

　Move 1 では，査読評価基準の5原則②の「研究課題は重要か，端的に述べ

られているか」に答えることになります。☞**Q2**

　これは，その領域の主要な先行研究を引用して，研究テーマの重要性を伝えます。この際にブースター（強調）表現を使い読者を引きつけます。☞**Q10**

　続く Move 2 では，先行研究で検証されていない課題である Niche を提示します。このためには，事前の先行研究に対する十分な CT のレビューが必要となります。まだ**未達成な課題なので，新規性がある**ということを訴えます。☞**第2章**

　Move 3 では，**提示した Niche をどのように達成するのか，研究課題の解決法**を明示します。またここで，研究結果を示唆します。さらに，Introduction の章に続く論文の構成を提示して読者が読みやすくします。

　このように Move 2 と Move 3 で，査読評価基準の5原則①の「十分新規的な研究内容で興味深いか」に答えることになります。☞**Q2**

[表4 - 1] Introduction の構成要素と戦略

構成	内　容	査読者が読む観点	戦略
1	・研究領域を定義 ・重要性を訴求	重要性を訴求しているか 研究課題は明確か	主要な研究を引用 ブースターの活用
2	・研究Nicheの明示 ・検証されていない課題を提示	十分新規的な内容で興味深いか	先行研究の問題を指摘
3	・研究成果の価値の訴求 ・独自の研究課題 ・結果の示唆 ・論文の構成を提示	研究課題は重要か，端的に述べているか	課題の解決法を明示 結果を予告 議論の順番を示す
4	Literature Review	十分に先行研究をレビューしているか 研究仮説は妥当か	先行研究の CTレビュー ・研究課題の明示 ・研究仮説の提示

　Literature Review では，先行研究の主要な理論を明確にします。CT レビューにより，それらにどのようにチャレンジするのか伝達します。☞**戦略22（p.79）**
さらに代表的な検証方法をレビューし，サンプルや，タスクの選定，データ収集と分析方法についてもレビュー結果を報告します。ここでは前章で説明した，

伝達動詞と時制の選択を最大限に活用します。☞**第3章**

戦略29
Introduction を4つの構成要素で読みやすくする

2　Introduction の2つのパターン

　経済・経営のジャーナルには Introduction の書き方に2つのパターンがあります。これらを表4-2にまとめています。パターン1は経営系の論文に多く，Introduction で全体像を示して，そのあとに Literature Review の章を設け，先行研究の CT を展開するやり方です。これは，論文の最初に設計図が端的に示されるので，全体像がすぐにわかります。

　パターン2は主に経済系の論文に多くあるものですが，Introduction の Move 2 の中で詳細な Literature Review を行い，研究の Niche を示す方法です。この方法は Introduction で示す設計図が長くなりますが，Niche の提示は一度で済みます。どちらを選ぶか，投稿する前にジャーナルの傾向をよく確認してください。

[表4-2] Introductionの2つのパターン

パターン1　経営系に多い	パターン2　経済系に多い
設計図がわかりやすい	Nicheの提示が一度で済む
1．Move 1 2．Move 2　Nicheの提示 3．Move 3 4．Literature Review 　　Nicheの詳細な報告	1．Move 1 2．Move 2 　　Literature Review 　　Nicheの詳細な報告 3．Move 3

　本章では，以下に Move 1（研究領域の定義と論文テーマの提示）の書き方を見ていきます。

3　Move 1 の重要ポイント

　Move 1 においては，研究領域の定義やその重要性を述べる必要があります。このためには，主要な先行研究を複数引用して，これまでどのような課題が取り扱われているか適切に記述します。特にトップジャーナルに掲載された論文の活用は必須になります。このためにも，十分に事前の論文の読みこなしと CT が必要です。☞**第2章の CT の仕方**

　さらに，ブースター表現を使い，先行研究で言及された重要なテーマであることを読者に訴えます。☞**戦略17（p.61）**

4　ブースター表現で重要性を訴える

　イントロダクションでよく使われる表現として，以下のような6つのタイプのブースター戦術が使われます。いずれも重要であることの根拠になります。

●Introduction におけるブースターの6戦術

1　数の多さ：研究の数が多い

2　範囲の広さ：広く認められている研究領域である

3　新規性：最新の研究領域である

4　中心性：研究の中心領域である

5　期間の長さ：長い間取り組まれているテーマである

6　ポジティブさ：ポジティブな表現で強調する

　これらの表現は書き手のスタンスとして，主張を強くサポートする**現在時制**と，複数の研究が認知していることを示す**現在完了形**とともに使われます。それぞれ書き出しに使われる重要な観点なので詳しく見ていきます。

4-1　数の多さ

　これまで多くの研究者が取り組み，研究課題として数が多いことで，論文で扱う重要さを訴えます。以下のようなキーワードが多用されます。活用例を参考にして，皆さんの論文でも使ってみてください。

●キーワード：many, much, numerous, large, a number of, increase

［活用例］

- Many models of…have been studied（多くのモデルが研究されている）
- Among many references（多くの文献の中で）
- Many researchers demonstrate（多くの研究者が示している）
- …much of the literature（文献の多くが）
- …numerous studies have addressed（多数の研究が述べている）
- …a number of studies have examined（多くの研究が確認している）
- …a large literature has shown（多くの文献が示している）
- There has been an increase in interest（関心が増えている）

4-2　範囲の広さ

これは，一般に広く認められているという観点から重要性をアピールします。頻度はそれほど高くはありませんが，理論やモデルの定説に言及するときに使えます。

●キーワード：widely, commonly, generally

［活用例］

- The widely held notion in…（広く持たれている概念）
- …is commonly employed in related studies（関連研究で広く使用）
- It has been generally assumed（一般に認められている）

4-3　新 規 性

最近の研究の傾向であることや，最新の方法であることにより，研究の重要性を伝えることが可能です。

●キーワード：recent, recently, new, current

［活用例］

- Recent research has also shown that（最近の研究でも示している）
- Recently, researchers have stated that（最近に研究者が述べている）
- This new research points to（新しい研究のポイント）

- Current theory largely focuses on（現在の理論がかなり注目している）
- The method currently employed in（現在活用されている方法）

4-4　中 心 性

これは，論文で取り扱うテーマが研究領域の中心にある大切なことを伝える方法です。

- キーワード：central, the most noted

[活用例]

- …is central to organizational theory（組織論の中心）
- The most noted of this（これの最も注目すべき）
- These arguments comprise a central debate（これらの議論は論争の中心を含んでいる）

4-5　期間の長さ

長い間取り組まれているテーマであることをアピールして重要さを伝えます。

- キーワード：long, decade

[活用例]

- …has long held a central role in economics（経済で長く中心的な役割をもつ）
- For decades, marketing researchers have attempted to（何十年もマーケティング研究者は試みている）
- …has for decades been a central tool for empirical research（何十年も実証研究の中心のツールである）

4-6　ポジティブさ

強いポジティブな表現を使い，テーマの重要性を訴えます。

- キーワード：strong, important

[活用例]

- …a strong increase in studies using（使う研究がとても増加している）

- These studies are important first steps to introducing（これらの研究は〜を導入する重要な初期の段階である）
- This is an important research question（これは重要な研究課題である）

戦略30

6タイプのブースター戦術を使い，研究テーマの重要性を訴求

5　Move 1 をどのように書き始めるか

　Move 1 は読者が最初に読む論文本体なので，書き出しはとても重要です。ここで研究領域の重要性や，研究課題の新規性を十分に伝えることができれば，スムーズに読んでもらえます。注目度のある経済・社会問題を最初に提示することもあります。また，あとで詳しく説明しますが，レトリカル・クエスチョン（rhetorical question）という質問形式で注意を引くこともあります。

　このようにトップジャーナルでは，それぞれの研究者たちが，読者の記憶に残る，効果的な英文で始めるために工夫をこらしています。経済・経営系のジャーナルでは，効果的な書き出しとして，次のような8つの戦術パターンがあります。「はじめ良ければすべて良し」，と言われますので，皆さんもそれぞれの例文を参考に，うまく活用してみてください。

- 書き出し文の8つの戦術
  1　経済的なインパクトや重要性
  2　経済的・社会的問題
  3　研究分野の定説
  4　研究分野の問題
  5　レトリカル・クエスチョン
  6　逸話や引用
  7　歴史的な事実
  8　先行研究のレビュー

5-1　経済的なインパクトや重要性

　これから伝える内容が，経済的に見て大きなインパクトのあることを述べ読者の注意を喚起します。これらの最初の文は，先行研究に言及するのではなく，テーマの重要性から書き始める方法です。**例文104** では，世界で最も大きな市場に関する話題なので，重要な研究テーマであることを最初に伝えています。**例文105** においては，経済において長く認識されている重点を示し，論文の大切さを訴えています。

例文104　The housing mortgage market in the U. S. is one of <u>the largest capital markets</u> in the world.
（米国の住宅ローンは世界で<u>最も大きな資本市場</u>の1つである）

例文105　The relationship between profit maximization and survival has <u>long held a significant role</u> in economics.
（利潤の最大化と生存の関係には，経済において<u>長く重要な役割がある）</u>

5-2　経済的・社会的問題

　これは経済的・社会的な問題を指摘することで，その解決方法に対する示唆を含む論文として価値があることを訴えます。先行研究を引用しませんが，常識的に見て深刻な問題であることから書き始める方法です。

　例文106 は，司法制度の人種差別の現状を記述することで読者を引きつけています。**例文107** では，適切な労働者の雇用は，企業にとって最大の関心事であることへの指摘から始め，読む価値があることを伝えています。

例文106　<u>Racial inequalities exist</u> at many stages of American criminal justice system. Compared to white people, black people tend to be charged with a serious offense. （<u>人種的な不平等</u>は米国の犯罪裁判システムの多くの場面で見受けられる。白人に比べると，黒人のほうが重大犯罪で訴えられることが多い）

例文107　Employing relevant workers is one of <u>the most significant and</u>

<u>difficult problems</u> that a company faces.
（適切な労働者を雇用することは，企業が直面する<u>最も重要で困難な課題である</u>）

5-3　研究分野の定説

　特定の研究分野において，誰もが納得する定説から書き始めることで，論文のテーマに普遍性のあることを伝えます。 **例文108** は，労務費の削減が財務状況の改善につながるという定説を用いて，読者に適切なテーマであることを伝えています。 **例文109** では，IT 技術の進歩が遠隔にいる人々の協働作業を実現しているという，否定しがたい事実から書き始めています。

例文108　Employment costs are usually a firm's single largest budget expenditure. Controlling employment costs could be <u>a direct means of improving company financial performance</u>.（雇用についての費用は，通常は企業における，単一の最大の出費である。労務費を削減することが<u>企業の財務状況を改善する直接の方法である</u>）

例文109　Advances in IT technologies <u>facilitate the collaboration</u> of people who do not share the same physical location.
（IT 技術の進歩が，同じ場所にいない人による<u>協働を促進する</u>）

5-4　研究分野の問題

　取り扱う研究分野において，まだ明確に解決を見ていない問題を最初に指摘することで読者の注意を引くことができます。 **例文110** では，マクロ経済学者の間で，まだ合意ができていない課題を提示しています。 **例文111** においては，研究分野で説明ができていない賃金の多様性を指摘しています。共通の理解であることから，読者にこれらに関する内容が続くことを示唆して関心を持たせています。このように特定の研究を引用せずに，分野における共通課題でアピールしていきます。

例文110　There is no agreement among macroeconomists regarding the role of government monetary policy in the short run.
（マクロ経済学者間で政府の金融政策の短期的な役割に関する<u>合意はない</u>）

例文111　It is acknowledged that a large proportion of wage diversity cannot be explained by the differences in the workers' profiles. （賃金の多様性の多くの部分は，労働者のプロファイルの違いでは<u>説明できないことが認識されている</u>）

5-5　レトリカル・クエスチョン

　この質問は，実際の答えを求めているわけではありません。クエスチョンの形式を採ることで，読者に直接語りかけることができ注意を喚起できます。**例文112**は，論文のテーマであるバイラル・マーケティングが収益拡大に貢献できるかどうかという質問から始めて読者の注目を集めています。**例文113**では，ビジネスサイクルのステージによって，特定の出費についての反応の違いを問いかけています。

　このように，最初の文で読者に直接語りかけるように書くことで，興味を持たせることが可能です。

例文112　Can viral marketing expand firm sales revenues?
（バイラル・マーケティングは売上収益を拡大<u>できるだろうか</u>）

例文113　Does the response of long-term spending to a given change in strategy depend on the stage of the business cycle? （与えられた戦略の変更に対する長期的な出費の反応は，ビジネスサイクルのステージに依存する<u>だろうか</u>）

5-6　逸話や引用

　一見したところ，研究論文とは関係のなさそうな逸話の引用から書き始める手法です。学術論文の難解なイメージを和らげ，読者に語りかけるような効果

があります。かなり執筆テクニックを必要とする書き出しの方法なので，安易に活用しないほうがよいかもしれません。**例文114**は，Harrison and Wagner（2016）の論文の最初に記載されている引用文です。研究テーマは，職場における**個人の創造性**についての論文です。創造性に関連する先人の有名な逸話文を引用することで印象を強めています。

例文114　Relationships are hard enough, but it takes a real champion of a person to be married to someone who's obsessed with a creative pursuit.（人間関係というのは難しいが，創造的な追求に夢中になっている人と結婚すれば，本物のチャンピオンになれる）

5-7　歴史的な事実

その分野における歴史的背景や事実から書き始めることで，読者に関心を持たせる効果があります。**例文115**では，インターネットのアクセスを企業の業績の評価に使うことが，30年ほど前からあったことを伝えています。**例文116**では，バイラル・マーケティングの起源は1990年代中盤の無料電子メールを始めた会社にあることを記載しています。扱うテーマの歴史を最初に書くことにより，物語を読んでいるような効果が出てきます。

例文115　Nearly 30 years ago, researchers proposed internet accesses as a clear unit of analysis for understanding company performance.（ほぼ30年近く前には，研究者たちは，インターネットのアクセスを企業の業績の明確な分析ユニットとして提案していた）

例文116　Viral marketing is not a new approach for promotion. In the middle 90s, the free e-mail provider has already launched the initial viral marketing campaigns.（バイラル・マーケティングは販促の新しい方法とはいえない。1990年代中盤には，無料の電子メールを提供する企業が，すでに初期のバイラル・マーケティングを始めていた）

5-8　先行研究のレビュー

　これが最もオーソドックスな書き方です。それほど執筆上の工夫がいるわけではありません。研究領域の重要な論文の引用を活用して，内容の価値を最初に訴えます。また，これらは上述の1〜7の書き出し戦術の後に続く文としても活用されます。

　例文117 は，ブースター戦術1「数の多さ」を用いて，多くの文献で説明されている，重要なテーマを論文で扱うことを示しています。現在時制を用いて，書き手のスタンスであることを告げています。**例文118** においては，ブースター戦術3「新規性」を使い，より新しいテーマであることを記述しています。また，profound increase という表現で，ブースター戦術6「ポジティブさ」を活用しています。時制は現在完了形で，複数の研究者が支持する客観的な事実として示唆しています。

例文117　<u>Large amount of literature</u> in economics explains increasing returns to skill-based technological change（Robert, 1985; Becker, 1999）.（<u>多くの文献が</u>，技術に基づいたテクノロジー変化に対する収益の増加を説明している）

例文118　<u>More recently,</u> <u>there has been a profound increase in</u> interest in work stress damaging workers and organizations（Barton, 2008; Morris, 2017）.（<u>より近年は</u>労働者と組織にダメージを与える仕事のストレスに関する興味が<u>かなり増加している</u>）

戦略31
> 8タイプの書き出しで重要性を訴求し，読者の関心を引く

6　Move 1 の構成

　表4-3に Move 1 における3つの構成のイメージをまとめています。英文パラグラフの構成ルールに従って，一般的なトピックセンテンスから，より具体

的なサポートセンテンスという流れを作り読みやすくします。☞**戦略19**(p.72)

　論文で複数のテーマを扱うときは，1の**書き出し**の後に，2の**トピックセン
テンス**と3の**サポートセンテンス**の組み合わせを繰り返します。また1つの
テーマをより詳しく説明するときは，2の後に3のサポートセンテンスを複数
記載します。

［表4-3］ Move 1 の3つの構成

1	書き出し	書き出し戦術1〜8から選択
2	トピックセンテンス	先行研究による研究領域の重要性
3	サポートセンテンス	具体的なテーマの説明

　具体例を見てみましょう。以下は，前述の Handel（2013）の書き出しに続
く文です。Move 1 をどのように構成しているか分析してみてください。また，
どのようなブースター戦術と，どの書き出し文の戦術を使っているでしょう。

"A number of potential impediments stand in the way of efficient health
insurance markets. The most noted of these is adverse selection, first
studied by Akerlof（1970）and Rothschild and Stiglitz（1976）. In insurance
markets, prices reflect the expected risk（costs）of the insured pool.
Whether the reason is price regulation or private information, when insurers
cannot price all risk characteristics riskier consumers choose more
comprehensive health plans. This causes the equilibrium prices of these
plans to rise and healthier enrollees to select less comprehensive coverage
than they would otherwise prefer."（2013: 2643）（健康保険市場を効率良くする
のに多くの潜在的障害がある。これらの中で最も注目すべきものは，Akerlof（1970）
や Rothschild and Stiglitz（1976）らの学者が最初に研究した adverse selection であ
る。保険市場では，価格は保険プールの予測されるリスク（コスト）を反映している。
理由が価格の規制であれ，個人的な情報であれ，保険会社がすべてのリスク特性を
価格に入れられない場合，リスクの高い顧客はより包括的な健康プランを選ぶ。こ
れにより，これらのプランの平均価格が上がり，そうでなければ，より健康的な人
が選ばないであろう，より包括的でないプランを選択してしまう）

以下が解答例になります。

第1文：書き出し文　A number of…

　書き出し戦術2　経済的・社会的問題：効率的健康保険市場の障害

　↓

第2文：トピックセンテンス　The most noted of…

　The most noted という，ブースター戦術4　中心性

　↓

第3文：サポートセンテンス1　In insurance…

　保険市場の説明

　↓

第4文：サポートセンテンス2　Whether the reason…

　トピックセンテンスの adverse selection の説明1

　↓

第5文：サポートセンテンス3　This causes the…

　トピックセンテンスの adverse selection の説明2

　以上のように，Introduction の書き出しで注目を集め，先行研究を使い研究課題の重要性を訴えます。さらに，その課題が具体的にどのようなことを意味するのか説明を行うと，スムーズな書き出しになります。

戦略32

Move 1 における3つの構成を構築し，スムーズな書き出しを実現する

第 **5** 章

Introduction（序論）の書き方〈2〉：
未達成課題の明示

この章のポイント
☑ Introduction における研究 Niche の示し方
☑ Move 2 の書き方

1　重要な研究領域で未達成の課題を提示する

　Introduction の Move 1 で訴求した重要な研究領域やテーマにおいて，まだ未達成の課題を提示するのが Move 2 の役割です。先行研究で実施されていないので新規性があるということになります。前提としては，重要な研究はすべてレビューしていることです。これに有効なのが先行研究の5つの CT です。☞**戦略23**（p.82）

　本章では Move 2の特徴的な表現と，有効な文頭のメタディスコースを確認していきます。さらにこの構成と，CT レビューで説明した，皆さんが準備した CTRF（Critical Thinking Review Format）を使った具体的な書き方を見ていきます。☞**第2章**（図2-1）

2　特徴的表現

　ここの書き方のポイントは，先行研究の未達成の課題を指摘するために，否定表現やネガティブな表現を使います。現在時制では，**現時点で未達成であることを強く示唆**します。現在完了形の場合は，**これまでずっと見過ごされてきた**という観点となります。

　それでは，コーパス分析で明らかになった定型表現を見ていきましょう。直接の否定を行う no, not を使うものと，ネガティブな表現を使うものなどがあります。

2-1　否定表現

　先行研究が達成されていない課題を直接 no, none, not を伴った否定的表現で記述する方法です。

(1)　no：これはとても強い否定になるので，しっかりと CT ができた段階で使うべきでしょう。

- there is <u>no clear evidence</u> of（明確な証拠はない）
- <u>no empirical research</u> has explored（これまで実験的な研究は行われていない）
- <u>there is no</u> rational method of formulating a theory（理論を構築する合理的な方法はない）

(2)　none：これも no と同様に強い否定表現で，先行研究で全くない状況を報告する際に活用されます。

- none of these studies explore（これらのどの研究も検証していない）

(3)　not：clear, robust, certain と共に使われます。明確でない，確かでないといった先行研究の問題点を指摘します。

- it is <u>not yet clear</u> whether（〜かどうかはまだ明らかでない）
- there is <u>no robust way</u> to estimate（評価する確固たる方法はない）

　また，検証されていないという行動の否定にも使われます。

- had <u>not yet been examined</u>（まだ確かめられていない）
- are <u>not yet</u> comprehensively <u>understood</u>（まだ広く理解されていない）

2-2　ネガティブな表現

　次のような，ネガティブな意味を持つ形容詞や副詞で研究の Niche を表現します。

- little, less, few, only, limited, uncertainty, unclear

(1)　**little**：不可算のものや状況に頻繁に使われる，Niche を作る使用頻度の高い表現です。

- there is <u>little empirical evidence</u>（実証的な証拠はほとんどない）
- researchers have <u>paid little attention</u> to（研究者たちは注意を払ってこなかった）
- we have little understanding（我々はほとんど理解していない）

(2)　**less**：little の比較級も同様に「より少ない」状況を表現します。

- there is less consensus concerning（〜についてのコンセンサスはあまり得られていない）
- it is less than clear（明らかとは言えない）
- …are much less studied（ずっと少ししか研究されていない）

(3)　**few**：可算のものや状況を表します。

- <u>only a few papers</u> discuss（ほんの少しの論文しか議論していない）
- <u>few empirical studies</u> have used（実証的な研究は，ほとんどされてこなかった）

(4)　**only**：先行研究や知識が限られている際に用いられます。

- we can <u>only know</u>（我々は〜しか知らない）
- …has long been given <u>only limited consideration in</u>（〜には長い間限られた考察しか行われてこなかった）

(5)　**limited**：先行する研究や活動が制限されていることを指摘します。

- this research activity <u>has been somewhat limited</u>（このような研究活動はこれまでやや制限されている）
- the economic literature on this topic is <u>more limited</u>（この話題に関する経済の文献は，より限られている）

(6)　uncertain と unclear：動詞の remain と共に使われ，まだ課題が不明確であることを述べます。

- it <u>remains uncertain</u>（それは不確かなままである）
- it <u>remains unclear</u> whether（〜かどうかは不明確である）

戦略33

先行研究の Niche を否定表現やネガティブな語彙で提示する

3　Move 2 のメタディスコース

　Move 2 では，上で示したような否定表現やネガティブな語彙を使い，先行研究の Niche を示します。この際，読者に Move 2 の始まりを明確にする必要があります。読み手の注意を喚起するために，以下の表5-1にまとめた文頭の反意的表現のメタディスコースでシグナルを送ります。☞**Q9　反意的表現のメタディスコース**

［表5-1］Introduction の Niche を示す反意的メタディスコース

文頭のメタディスコース	使用頻度
However	216
Although	84
But	54
While	30
Despite	18
Whereas	9
Nevertheless	8
Nonetheless	2

- However の例

　圧倒的によく使われるのは However で **例文119** のように**単文**で使われます。Move 1 で研究テーマの重要さなどをアピールした後に，However のメタ

ディスコースで始め，less than clear というネガティブな表現を加えています。
ここからは，**先行研究で実施されていないことを記述する**という明確なシグナ
ルを送ることができます。

例文119　However, it is <u>less than clear</u> how relational practices actually
organize.（しかしながら，どのように関係構築の実施がまとめられているかは
<u>あまり明確でない</u>）

● Although の例

　複文の形で Move 2 の開始を示す場合は，Although の頻度が最も高くなり
ます。Although の従属節で，先行研究で認められていることを示し，主節に
否定的な表現や語彙を使い，研究の Niche を示します。**例文120** では，好奇
心と創造性の関連を記述した後に，実験的証拠がほとんどないことを指摘して
います。

例文120　Although curiosity is often associated with creativity, there is
<u>little empirical evidence</u> that actually links these two issues.（好奇心はし
ばしば創造性と関連するが，これら 2 つが実際にリンクするという<u>実験結果は
ほとんどない</u>）

● But の例

　通常の英文では，But で書き始めることはまれです。このため，あえてこれ
を文頭に置くことで，読者の注意を引くことができます。**例文121** では，メ
タディスコースの But で Niche を示唆し，既存の論文がほとんどないことを
伝えています。

例文121　But, <u>few papers address</u> the question of selecting among a set of
large projects.（しかし，大きなプロジェクトにおける選択という問題に取り
組んだ<u>論文はほとんどない</u>）

● Despite の例

　Despite を伴う従属節で，重要なポイントをブースターで指摘し，主節では
その関連分野で未確認の課題を指摘します。**例文122** では，Despite の節に
long という期間の長さを示すブースター戦術5を使い，他の学問分野では長
く重視されていることを記述しています。☞**戦略30（p.108）**

　主節では，その地域クラスターの役割が，マーケティングの分野ではほとん
ど研究されていないことを指摘しています。

例文122　Despite <u>long research interest</u> in other academic disciplines such as economics, <u>there have been few systematic studies</u> in marketing to investigate the role of regional clusters. （経済学などの他のアカデミック分野では，<u>長期間にわたり興味が持たれている</u>にもかかわらず，マーケティングでは，地域のクラスターの役割を<u>体系的に調査した研究はほとんどない</u>）

● While, Whereas の例

　これら2つのメタディスコースは，同様の使い方で活用されます。従属節で
は先行研究で認知されていることを述べ，主節ではそれが該当の研究分野で見
逃されていることを示唆します。**例文123** において，多くの研究者が認める
CEO の先を見越した行動の影響が，実際の研究では，ほんのわずかしか実証
的に検証されていないことを伝えています。

例文123　<u>While</u> many researchers suggest CEOs influence employee proactive behaviors, <u>only a few empirical studies</u> have focused on specific CEO behaviors that foster proactivity. （多くの研究者が CEO は雇用者の率先的な行動に影響を与えることを示唆している<u>一方で</u>，特定の CEO の行動がそのような活動を推進することの<u>実証的な検証はほんのわずかである</u>）

● Nevertheless, Nonetheless の例

　一般的に単語が長いと，読むのに時間がかかり，情報の受け手にとっては負

担となります。Nevertheless や Nonetheless などは読みにくいため，使用頻度は少なくなります。表5-1のように，Introduction の章でもあまり使われていません。しかし，逆にこのようなまれな表現を使うと際立ち，読者に強いシグナルを送ることができます。☞**戦略18**（p.70）

　次の **例文124** では，Nevertheless を使い注意を喚起しています。さらに it is surprising というブースターで，研究がない事象を強調しています。

　このように Move 2 の開始がより明確になりますが，あまり使うと読みにくくなるので，気をつけて活用しましょう。

例文124　Nevertheless, it is surprising that no study within the economic literature has yet given the specific evidence. (それにもかかわらず，驚くべきことに経済学の文献では，特定の証拠を示した研究はない)

```
戦略34
反意的な文頭のメタディスコースで Move 2 の開始を示す
```

4　CTRF を使った具体的な Niche の書き方

　上で見てきたように，Move 2 は反意的メタディスコースで，始まりを読者に予告し，否定表現やネガティブな語彙で，先行研究の不十分な点を示唆します。このような既存の研究の Niche を，具体的にどのように書けばよいのでしょう。この際に役立つのが，第2章で示した Critical Thinking Review Format（CTRF）です。皆さんが作成しておいた CTRF を活用しながら，以下の5つの CT の観点と，先行研究の Limitation から Niche を書くことができます。☞**第2章**

1　Background Theories or Models（背景となる理論やモデル）

2　Sample(s)（研究の対象）

3　Research Conditions（研究の条件）

4　Tasks（検証タスクとデータ収集方法）

5　Data Analysis（データ分析手法）

　なお，先行研究のレビューが十分でない可能性もあるので，次のようなヘッジ表現で主張を防御しておくこともできます。☞**Q10**

- to our knowledge（我々の知識では）
- seem to, tend to, be likely to（傾向がある）

　それでは，より具体的に5つの観点を活用した Niche の作り方を見ていきましょう。

4-1　Background Theories or Models（研究の背景となる理論やモデル）

- ポイント：既存の理論は不十分⇒新たな理論を示す研究

　第2章で述べたようにトップジャーナルの論文は，既存の代表的研究の理論やモデルに対してチャレンジすることが必須です。このため，この Niche の書き方はとても重要です。次の **例文125** は，However で Move 2 のシグナルを送っています。その後に，特定分野の経営学理論は，新興国の状況を組み込んでいないため，国際的という点では理論が十分でないことを not という否定表現で指摘しています。この際，seem to というヘッジを使い，主張を弱めて見解を防御しています。続くサポートセンテンスでは，より具体的に，東南アジアの理論的な考察が限られている点を remains limited で表現しています。この場合も「比較的」を意味する relatively というヘッジ表現で主張を弱めています。

例文125　However, the management literature <u>does not seem to be</u> internationalizing successfully in terms of including new concepts and theories from emerging country contexts. Theoretical development dealing with the South East Asia organizations <u>remains relatively limited</u>.（しかしながら，経営学分野の文献は新興国の状況を組み入れるという

観点から，国際化に成功している<u>ようには思えない</u>。東南アジアの組織における理論的な構築は<u>まだ比較的限られている</u>）

4-2 Sample(s)（研究の対象）

● ポイント：まだ取り扱われていない研究の対象⇒新たな対象を取り扱う

これは，CT の結果，まだ検証されていない対象があり，それを論文で扱うことを読者に示唆します。次の **例文126** では，シリコンバレーの IT クラスターの調査は多くの研究で行われているが，インドでは少ない点を指摘しています。論文ではインドの IT クラスターを調査することが Niche ということになります。この際，to our knowledge というヘッジを使い，例外を見落としている可能性を事前に防御しています。

例文126 Although numerous studies have investigated successful IT clusters in Silicon Valley, <u>to our knowledge, there is little research</u> exploring such cluster in India.（多くの研究がシリコンバレーの成功した IT クラスターを調査しているが，そのようなクラスターに関するインドの研究は<u>我々の知識ではほとんどない</u>）

4-3 Research Conditions（研究の条件）

● ポイント：特定の条件で検証されていない⇒その条件で検証する

次の **例文127** では，CMO たちが顧客に与える影響だけでなく，株主や従業員に与える影響を合わせた条件での実証分析がないことを指摘しています。

例文127 Although some studies have examined how strategic CMOs can influence customers, <u>few empirical studies have investigated</u> how their influence works across three stakeholders: shareholders, customers, and employees.（戦略的 CMO がどのように顧客に影響を与えられるかに関する研究はいくつか<u>あるが</u>，彼らの株主，顧客，従業員という 3 つのステークホルダーに対する影響を<u>実証的に検証したものはほとんどない</u>）

4-4　Tasks（検証タスクとデータ収集方法）

● ポイント：特定のデータで検証されていない⇒そのデータを取り扱う

　これはデータを集めるタスクや収集方法に関して先行研究の Niche を示す方法です。次の 例文128 では，集団的規範が，いかに企業の競争的行動の原動力になるのかに関して，先行研究では縦断的なデータを扱っていないことを指摘しています。

例文128　However, there is little research which examines longitudinal data how collective norms of car companies serve as drivers of competitive behaviors in the market.（しかしながら自動車会社の集団的規範が，どのように市場における競争的行動の原動力になるのか縦断的なデータを検証した研究はほとんどない）

4-5　Data Analysis（データ分析手法）

● ポイント：特定の分析方法が採用されていない⇒その分析方法で行う

　これまでの研究では採用されていない分析方法や，より適切に実験結果などを得られる方法を示唆する際に使われます。次の 例文129 では，先行研究の結果が複数システム推定で分析されていないことを述べています。

例文129　However, these results are not based on the multiple systems estimation techniques.（しかしながら，これらの結果は複数システム推定の手法に基づいた結果ではない）

　以上のように，既存の研究論文をクリティカルにレビューして，CTRFを完成しておくと Move 2 を書くことが容易になります。

戦略35

5つの観点から Niche を作る

5　先行研究の Limitation を活用する方法

　学術論文の最後は，研究で十分検証できなかった課題について Limitation を書くことになっています。ここも CTRF に適切に記載しておくと，皆さんの Niche を作るヒントになります。

　論文の最後に記載されていた Limitation の　例文130　を見てみましょう。ここでは，eliminates という語彙を使い，報告した研究では除外した，起業家などに対する検証について言及しています。Future research could address という表現を使い，著者はこれが将来の研究課題になると考えています。

例文130　　The current framework <u>eliminates</u> the quantitative implications of assignment for taxation in other highest-paid settings, such as entrepreneurs. <u>Future research could address such contexts</u> in the framework.（今回のフレームワークには，起業家などの他の高所得者への課税付加に対する量的示唆は<u>省いている</u>。<u>将来の研究においては，そのような状況についても</u>フレームワークの中で<u>報告することが可能であろう</u>）

　この論文を活用して Niche を作るなら，以下のような　例文131　が考えられます。

例文131　　As Williams（2015）points out, <u>there is little</u> quantitative research investigating an assignment model for taxation in entrepreneurs.（Williams（2015）が指摘しているように，起業家などの他の高所得者への課税割り当ての量的検証は<u>限られている</u>）

　次の　例文132　は，研究データの収集方法に関する Limitation の記載です。被験者に対する**事前インタビュー**が，消費者の行動に影響を与えた可能性を報告しています。

例文132　In this study, the consumers <u>were interviewed before</u> the shopping at stores, they could be altered the sequence of selecting items. （この研究では，消費者は店で購入する<u>前にインタビューを受けたので</u>，商品の選択の順序を変更したかもしれない）

　この場合は，次の**例文133**のような，**購入後にインタビューを行い**，被験者の行動に影響を与えないデータ手法を Niche として書くことも可能です。

例文133　In this kind of methodology, <u>there are few studies</u> which interview consumers as they exit stores and ask them how they decide the sequence of selecting items. （このような手法では，消費者が店を出た後に，どのように商品を選ぶ順番を決めたのか尋ねる<u>研究はほとんどない</u>）

```
戦略36
　先行研究の Limitation を活用して研究の Niche を作る
```

［アドバイス］Niche をいくつ作るか

　本章で示した Niche の作り方を活用して実際の論文を書くときには，いくつ Niche を構築すればよいでしょうか。学部生の卒業論文では4-2の Sample(s) を活用するのが一番容易です。実験の対象を変えればよいことになります。しかし，上位の研究論文になれば，やはり4-1の Background Theories or Models に対する Niche が必要となります。特にトップジャーナルではその内容で読者にインパクトを与えなければなりません。Niche の数は，理論やモデルに関するものを含め，論文で示す研究仮説の数と同数ほど必要となります。

第6章
Introduction（序論）の書き方〈3〉：
研究の独自性の訴求

この章のポイント
- ☑ Introduction における研究の独自性の示し方
- ☑ Move 3 の書き方

1　研究の独自性と論文内容の予告

　Move 3 は主に以下の3つの構成となります。

1　研究の独自性の訴求：Move 2 で指摘した Niche の解決
2　結果の示唆：研究結果を事前に示唆
3　論文の構成：Introduction の後に続く論文の構成の予告

　Introduction の Move 3 において，まず書き手は，論文の独自性を訴える必要があります。独自性とは，第5章で示した Introduction の Move 2 の Niche を，いかに書き手が達成するかを明確にすることです。

　次に，研究の成果を簡単に述べ，結果を示唆します。最後に，論文の構成を示して論文内容の予告を行います。このようにして研究の設計図を読み手にわかりやすく示します。

2　研究の独自性訴求の明示

　書き手は Move 3 の始まりを読み手に明確にする必要があります。その際に経済・経営の論文では次のような特定のメタディスコースを活用します。

　なお，（　）内は MERAC の Introduction において，それぞれが使用されていた回数です。In this が最も多く，続いて Here が頻繁に使われていました。

　In this（47），This（23），Here（31）

● In this の具体例

　最も頻度の高いメタディスコースは In this で，後に article, paper, study, work を伴います。

　例文134 では In this article というメタディスコースで始め，we consider an alternative explanation と続けています。既存の説明とは別の観点から議論することを示しています。経済・経営の論文では，**In this article が最も頻度の高い**クラスター表現です。

　例文135 は In this study と記述し，この論文は既存の研究に対して重要な試みを探究することを述べています。

例文134　In this article we consider an alternative explanation for wage dispersion.
（この論文において，賃金の分散に関する代替的な説明を試みる）

例文135　In this study we explore an important challenge to previous research claims.（この研究において，我々は先行研究の主張に対する重要なチャレンジを探究する）

● This の具体例

　This で始まるものは，In this とほぼ同じような活用方法で，後には paper, research, study, work などが続きます。**例文136** は，Move 2 で示している，研究の Niche を埋めることを目的と記述して，Move 3 の開始を予告しています。

例文136　This paper aims at filling this gap.
（この論文はこのギャップを埋めることを目的としている）

　次の**例文137** では，理論的な見通しの構築に貢献していくことを記載し，Move 3 が始まることを読者に伝えています。

例文137　<u>This research</u> helps to clarify and build its theoretical perspectives.
（<u>この研究は</u>，その理論的な見通しを明白にして構築するのに役立つ）

● Here の具体例

　Here は，後に we などを伴い，いかにして先行研究の課題を克服していくかを読者に伝えていきます。**例文138**において，この論文がマーケティング・メッセージの内容の影響を検証することが明らかにされています。

例文138　<u>Here</u>, we evaluate the influence of two types of marketing message content.（<u>ここでは</u>，我々は2つのマーケティング・メッセージの内容の影響を評価していく）

　例文139では，この論文が製品評価における分類の先行研究とは別の局面を分析していくことが表現されています。

例文139　<u>Here</u>, we explore another aspect of categorization in product judgment.
（<u>ここでは</u>，我々は製品の判定の分類における他の側面を検証していく）

戦略37
　In this study や Here を文頭に置き，Move 3 の開始を明示する

3　Move 3 の開始を告げる文に続く文

　2で確認したような表現を使い，Move 3 の始まりを読者に告げた後，具体的にどのように課題を解決していくのか明確にする必要があります。その際，特に有効なのは，To のクラスター表現です。使用頻度が高いのは，To address

(9)，To do（7），To illustrate（7），To answer（6），To test（5）などです。
（　）の中は MERAC の Introduction で使われていた回数です。

例文140 では，課題に対する具体的な対処法として，独自のメカニズムを検証することを読者に伝えています。

例文140　<u>To address this gap</u> in the literature, we examine the mechanisms through which feedback-seeking behavior may lead to increases in job performance.（<u>この先行研究のギャップに対処する</u>ために，フィードバックを求める行動が，業務活動の向上を導くメカニズムを通して検証する）

　次の **例文141** では Move 3 で明示した課題に対して，詳細にわたるケース・スタディの手法を活用することを伝えています。

例文141　<u>To answer</u> these questions, we conducted an in depth case study of the cosmetics industry.（これらの<u>問題に答えるために</u>，我々は化粧品業界の詳細にわたるケース・スタディを行った）

　このように，Move 3 の書き出しに続く文は，To で始まる，論文の課題に対する具体的な解決方法を提示していく文となります。

戦略38

Move 3 の開始に続く文は To のクラスター表現で具体的手法を明示する

4　2つの文で Move 3 をスムーズに書き始める

　まとめると，以下が Move 3 の書き出しパターンとなります。独自の研究課題を提示した後，より具体的にその対処方法を書いていきます。

In this / This / Here：独自の研究課題

　　　　↓

To address /do / illustrate：具体的対処法

　この書き方を示す 例文142 では，In this article で始まる文に研究の目的が記載されています。続く文は To do so で始まり，最初の文の目的を達成するための実際の活動が記述されています。

例文142 　　In this article we examine the intersection of the volunteer and work domains. To do so, we employ various theoretical perspectives from the multiple domain literature. (この論文で我々は，ボランティア活動と業務ドメインの干渉を検証する。それを実現するために，我々は，多面的ドメインの先行研究からさまざまな理論的な展望を行う)

5　結果の示唆の書き方

　研究結果を事前に示しておくと，読者は論文の成果を記憶し読みやすくなります。経済・経営の論文では，これを実現するために We のクラスターを多く活用します。

　MERAC の Introduction の特徴語として We の使用頻度が高くなっています。しかもこれらは，この章の後方でよく使われる傾向があります。この位置で活用される We のクラスターは We show（42）や We find（31）といった，結果を示唆するときの表現が多くなります。（　）内はコーパスにおける使用頻度を表します。

　これらは，以下のような例文で活用される，成果を示す際や，発見したものを提示する表現です。例文143 は We show で文を始め，例文144 は We find を使っています。いずれも結果の予告であり，自分の発見を主張するスタンスのため，一般に**過去時制は使われません**。☞戦略26（p.92）

例文143　<u>We show</u> that both types of companies tend to favor interlocking ties to others of the same type.（両方のタイプの会社も同タイプの他の連動結合に向く傾向があることを<u>我々は示す</u>）

例文144　<u>We find</u> that our results concerning the implications of technical change for policy are qualitatively robust.（政策に関する技術的な変化の示唆に関する我々の結果は，質的に正確であることを<u>発見している</u>）

戦略39

Move 3 で We show，We find を使い研究成果を予告する

6　論文の構成の書き方

Introduction の最後に，読者が読みやすいように，後に続く論文の構成を予告しておきます。表6-1に経済・経営の論文の Introduction で活用される順序を表すメタディスコースの頻度を掲載しています。

ほとんどの論文で First が使われ，続く論文構成の最初を明示しています。また，Second の活用も多く，Next なども使われ，続く章の予告をしています。

[表6-1] 順序を表すメタディスコースの使用頻度

意味	メタディスコース	使用頻度
最初に	First	125
2番目に	Second	96
次に	Next	31
その後に	Then	73
3番目に	Third	35
4番目に	Fourth	11
5番目に	Fifth	2
最後に	Last	4
最後に	Finally	86

　3番目の構成は，「その後に」を意味する Then，もしくは Third などが使われます。論文の基本構成は IMRD の4つの章のため，Introduction の後は，残りの3章で構成されることが多くなります。このため4番目を表す Fourth や，5番目を表す Fifth の使用は極端に少なくなっています。論文構成の最後の章について記載する際には Finally を使うのが一般的です。

7　順番を表すメタディスコースの活用例

　それでは，これらのメタディスコースをどのように使っていくのか具体的に見ていきましょう。

● 構成を示す最初の文

　経営学系のジャーナルでは Introduction の後に Literature Review が続くため，例文145 のような書き出しで始めることが多くなります。ここでは，バイラル・マーケティング分野における，先行研究のレビューを行い，既存の論文との関連性や，自分の立場を明確にしていくことが表現されています。

例文145　<u>This article proceeds as follows</u>. <u>First</u>, we link our research to existing literature in viral marketing filed. （<u>この論文は以下のように進めていく</u>：<u>最初に</u>，我々はバイラル・マーケティング分野の先行研究と我々の研究の関連を記載する）

　一方，経済学系の論文は Literature Review を Introduction で行うことも多くなります。このため Introduction に続く章は，検証方法に関することが記載されます。例文146 はこのような書き出しの例です。

例文146　<u>This paper consists of the following three sections</u>. <u>First</u>, we investigate whether employer callback rates vary by race. （<u>この論文は以下のような3つのセクションで構成されている</u>。<u>最初に</u>，我々は人種によって雇用者の再雇用率にどのような変化があるのか検証する）

● 構成の２番目を示す例文

　２番目の構成は，ほとんどが研究手法を示す Method に関する紹介となります。 **例文147** のように，どのように実験を行うかに関する構成に言及します。

例文147　Second, we detail the setup and model for our empirical study.
（次に，我々は実証研究のための設定とモデルについて詳しく述べる）

　仮説の立て方について述べるときは **例文148** のような書き方が一般的です。

例文148　Second, we present the conceptual background in this field and then use information processing theory to develop hypotheses.（次に，この分野の概念的背景を示して，仮説構築のための情報処理理論を活用する）

● 構成の３番目を示す例文

　通常，研究手法の Method の後は，研究の結果や成果について述べる Result の章となります。このため **例文149** のような，結果の章に関する記述が使われます。

例文149　Third, we confirm moderators of the relationship between solution quality and value in use.（３番目に，ソリューション品質と使用されている価値の関係のモデレーターを確認する）

● 最後の構成を示す例文

　論文の最後は Discussion や Conclusion となるため，この構成について述べる必要があります。 **例文150** では，成果の要約とマーケティングの理論に関する示唆について記述しています。

例文150 <u>Finally</u>, we conclude with a summary, a discussion of our research's implications for marketing theory. (最後に, 結論として, 論文成果をまとめ, マーケティング理論への示唆を議論する)

戦略40
Move 3 の最後に順番を表すメタディスコースで論文構成を予告

8 構成を示す代表的なメタディスコース活用のまとめ

以下に論文の構成を示す大まかな流れをまとめています。実際に論文を書く際に参考にしてください。

● This article proceeds as follows.
　（この論文は以下のような構成となっている）
　↓
● <u>First</u>, we provide a detailed review of recent…
　最初に詳細なレビューを行い
　↓
● <u>Second</u>, we develop a model of the management…
　2番目にモデルを構築し
　↓
● <u>Finally</u>, we offer a theoretical explanation for why…
　最後に理論的説明を行う

9 Move 3 のまとめ

以下がメタディスコースを活用した Move 3 の大まかな流れとなります。

---

① Move 2 で指摘した Niche の解決
In this article…
↓
② 具体的な解決方法
To address this question…
↓
③ 結果の示唆
We find…
↓
④ 論文の構成の明示
This paper consists of the following sections.
First, …
Second, …
Finally, …

第7章

Literature Review（文献レビュー）と Introduction のまとめ

この章のポイント

☑ 先行研究を活用し研究の妥当性を示す
☑ Literature Review の書き方
☑ Introduction のまとめ

1 Literature Review の役割

　前述のように，Introduction の章で研究課題の重要性を訴求し，具体的な Niche を示します。さらに，その Niche の課題をどのように達成していくのか明示します。このように研究の設計図を読者に示す大切な章となります。

　Literature Review は，この設計図の土台を詳しく説明し，研究の前提となる理論的背景を明確にします。この際，先行研究を活用し，論文で扱う概念や定義を確立します。これらは研究の妥当性を構築するのに重要な手順といえます。さらに，これまでの研究の貢献を述べた上で，まだ検証されていない課題を記述し，論文の仮説を設定します。以下が Literature Review の主な役割のまとめです。

1　研究の背景となる重要な先行研究の引用
2　論文で取り扱う理論の説明
3　研究課題に関わる概念の説明や定義
4　先行研究から導き出される新たな課題の示唆
5　仮説の設定

2　研究の背景となる重要な先行研究の引用

これは，Introduction の Move 1 で記載した研究分野や課題の重要性をより詳しく先行研究を引用して説明するものです。関連領域で同様のテーマを扱った代表的な論文を活用して，書き手の研究スタンスを明確にしていきます。

● 複数の先行研究を活用しテーマの重要性を再度訴える

Literature Review の最初は，研究課題の重要性について先行研究を活用して再度訴求することから始めます。Introduction の章の Move 1 で行ったアピールを**さらに詳しく補強していく**目的があります。☞**第4章**

次は Berry（2015: 1439）の Literature Review です。ブースター表現の long や the most important を使い，研究分野の重要性を訴求しています。また現在完了形と複数の先行研究を引用することにより，主張の客観性を構築しています。これはとても良い見本となります。

"Firm knowledge assets <u>have long been considered</u> to be <u>the most important</u> determinant of both expansion and success（Buckley & Casson, 1976; Caves, 1996; Grant, 1996; Teece, 1977），especially in foreign markets（Hymer, 1960; Buckley & Casson, 1976; Dunning,1980; Hymer, 1970: Kogut & Zander, 1992）"（企業の知的財産は，拡大と成功の両方の<u>最も重要な</u>決定要因であると<u>長い間にわたり認識されており</u>，特に海外市場ではそうである）

● 先行研究の成果を表にまとめる

重要な先行研究をまとめて表を作り，主な成果や発見を記載すると，読者にとって読みやすくなります。

例文151 は，リーダーシップに関する先行研究の成果をまとめ，自分の論文の妥当性を構築するのに役立てていることを記述しています。

例文151　Table 1 summarizes representative papers from leadership research on risk-management to highlight key insights and demonstrate how our work contributes to this field.（リーダーシップのリスク・マネジメントに関する代表的な研究を表1にまとめており，重要な概念を明確にし，この分野に対する我々の研究の貢献を明らかにしている）

● 先行研究を分類する

　また，先行研究を自分の研究との関連性で分類すると，論文のスタンスが明確になり読みやすくなります。**例文152**では，バイラル・マーケティングに関する先行研究を3つの分野に分け議論することを述べています。

例文152　We categorize viral marketing research into three major domains: customer needs, behavioral discrepancies, and relational dimensions.（我々はバイラル・マーケティングの研究を3つの主要な分野に分類する：消費者のニーズ，行動の食い違い，人間関係的側面）

3　論文の背景となる理論の説明

　Literature Review の重要な役割は，研究の背景となる理論を明確にすることです。研究の妥当性を示すために，どのような理論に基づいた議論なのか読者に提示します。理論のもととなる代表的な研究を引用し，その理論がどのように構築されたのか言及します。**例文153**では，特定の理論の由来と説明を行っています。

例文153　Social capital theory（Edward, 1993）stems from classical capital theory（Eltis, 1984）, in which capital is the investment of resources into a marketplace with expected returns.（社会資本理論は古典的資本理論に由来し，資本とは利益を期待して資源を投資するものである）

例文154 では論文で活用する理論の説明としてその特徴を述べています。

例文154　Resource-based <u>theory</u> deals with definitive models of how economic profits are generated（Blues, 1990; Jordan, 2012）. Such models differentiate this theory from other <u>theories</u> in strategic business behaviors（Luke, 2012）.（リソースベースト<u>理論</u>は経済利潤が生み出される方法について特定のモデルを取り扱う。そのようなモデルが，戦略的企業行動における他の<u>理論</u>との違いとなる）

戦略41

主要な先行研究を活用して論文の理論的な背景を明確にする

4　研究課題に関わる概念の説明や定義

仮説の構築に必要な，論文で取り扱う重要な概念は，はじめに明確に定義をしておいたほうが読者の誤解を避けることができます。

● 論文で扱う概念の定義の書き出し

研究の理論的背景を説明した後に，論文で取り扱う主要概念の定義を行う必要があります。この際に **例文155** のような書き出しが有効となります。今から主要概念の定義を行うことを述べ，その定義が該当分野で適正であることを最初に伝えています。

例文155　Several important concepts for this article <u>are defined here</u>. <u>These concepts are defined</u> in ways that are consistent with their current use in micro finance and related fields.（この論文におけるいくつかの<u>定義をここで行う</u>。これらの概念は，ミクロファイナンスや，その関連分野の現状での活用方法と<u>整合性があるように定義されている</u>）

● 具体的な定義の方法

　論文の中心となる概念は，できるだけ読者にわかりやすく定義しておく必要
があります。**例文156** は self-reliance の概念を詳しく定義しています。

例文156　　We define self-reliance as the capacity to rely on oneself or one's
own capabilities to meet one's personal needs.（我々は，自立を，個人的な
ニーズを達成するために，自身や自分の能力に依存することができる能力と定
義する）

戦略42

　　先行研究を参考に仮説構築に関連する概念や定義を示す

5　先行研究から導き出される新たな課題の示唆

　概念の定義を構築した後は，Literature Review から導き出される，独自の
研究課題に言及します。この際，先行研究では行われていない課題を明示する
方法と，これまでの成果をさらに発展させ，新たな理論構築を示唆する方法が
あります。

● 先行研究で未達成の課題の示唆

　重要な研究テーマにおいて，先行研究の未達成の課題を明示することで，研
究の独自性を訴求することができます。

　例文157 のように，具体的な新たな課題を提示すると，後に続く論文の研
究仮説の構築に導くことができます。Nevertheless というメタディスコース
で始め，no research has examined と研究の Niche を明示しています。続く
文は，To address this research gap と研究課題の克服方法を述べています。
Introduction の Move 2 と同じような戦略を使いますが，ここでは**より詳細な
仮説を設定するための問題提起**となります。☞**第5章**

例文157　Nevertheless, to date, <u>no research has examined</u> how consumers form these evaluations. <u>To address this research gap</u>, we attempt to explore how the image of nature-friendly products influences consumers' evaluations of daily products.（しかしながら，今日まで消費者がこれらの評価をどのように行うのか<u>検証したものはない</u>。<u>この研究のギャップを埋めるために</u>，我々は，製品の環境に優しいイメージが，日用品において消費者にどのような影響を与えるのか考察する）

● これまでの成果をさらに統合発展させる

　既存の研究において解明されていることや，さまざまな概念を統合して，新たな理論構築へ導く考察も重要な観点となります。**例文158**では，外国投資の分野で考察されていない，分類や概念の構築により，新たな研究への貢献を行うことが記述されています。

例文158　<u>The present research contributes to</u> this work by examining an additional aspect of categorization and concept formation that <u>has not been explored</u> in foreign investment research.（この研究は，外国投資の研究では<u>これまで考察されていない</u>，さらなる分類法や概念の構築を検証することにより，<u>この分野の研究に貢献する</u>）

6　仮説の設定

　Literature Review の最後は，先行研究の成果を継承した上で，さらなる研究課題を提示し，論文の研究仮説を明記していきます。この際，研究仮説の提示が始まることを示すメタディスコースで始めます。これらは，Accordingly や Therefore などです。また仮説に導く英文は，まだ確認していないことなので，ヘッジを使い断定を避けて主張を弱めておきます。

　次の英文は Eberhart and Eesley（2018: 2949）の仮説設定の例です。メタディスコースの Accordingly で始め，今までのレビューの結論を述べることを告げています。また，ヘッジの may を使い，予測される投資家の行動につ

いてヘッジを行っています。さらに，We thus hypothesize という表現で，具体的な仮説を記載しています。

"Accordingly, investors may act to restrict their investments to conform to the norms and opportunities of the junior stock exchange even while maintaining the legitimizing narratives of economic return to their investors (Fisher et al., 2016). We thus hypothesize: Hypothesis 1a (H1a) The introduction of junior stock exchanges increases the initial investment raised by new technology firms."（以上のことから，投資家は，下位の証券取引所の決まりや投資機会に合わせて，自分たちの投資を制限するが，一方で自分たちの投資家に対する経済的リターンの話を維持し，正当化する行動に出るかもしれない。このことから我々は仮説を立てる。仮説 1：下位の証券市場の導入は，新しい技術を持つ企業による初期の投資を増加させる）

戦略43

Literature Review において新たな課題を明示し仮説を設定する

7　Literature Review の Move

以下 Literature Review における代表的な Move のまとめとなります。

Move 1：研究の背景となる重要な先行研究の引用
　・重要性の訴求… have long been regarded as
　・先行研究をわかりやすく表にまとめる（必要に応じて）
　・先行研究の分類（必要に応じて）
　　↓
Move 2：論文で取り扱う理論の説明
　・理論の起源
　・現状の理論
　　↓
Move 3：研究課題に関わる概念の説明や定義
　・論文で扱う概念の定義の書き出し文
　・具体的な定義
　　↓
Move 4：先行研究から導き出される新たな課題示唆
　・先行研究で未達成の課題の示唆　OR
　・これまでの成果をさらに統合発展
　　↓
Move 5：仮説の設定

8　Introduction 章のまとめ

　第4章から第7章までに示した Introduction の書き方を図7-1にテンプレートとして基本の枠組みを掲載しています。皆さんがこの章を書く際に，適宜下線の所に必要情報を入れて活用してください。あくまでひな形ですので，英語論文執筆に慣れるまで，1つの見本として参考にしてください。ここでは，この図を活用しながら Introduction の書き方を再度まとめていきます。

● Move 1

　Move 1は主に4つの構成要素があります。まず (1) は，Introduction の書き出しで，できるだけ読者の興味を引くように始めます。この際に，第4章**5**の書き出し戦術1～8から選択して書き始めます。この例では，戦術4の研究分野の問題を使っています。本書の例文を参考に，いずれかの戦術で書き始めてください。(2) は大まかな研究分野の重要性を訴えます。この例では，More recently というブースターのメタディスコースで始めています。また profound increase in interest というブースターも使っています。複数の先行研究に言及することで主張の客観性が増します。

　さらに (3) では，In particular のメタディスコースにより，論文で取り扱う特定の研究領域について述べます。ここでも同様に，複数の先行研究に言及し，ブースター表現で内容を強調します。(4) では，For example を使い，より具体的な研究テーマを記述します。ここでは，論文においてチャレンジする特に大切な先行研究を引用します。この (3) と (4) の組み合わせを繰り返すことで，複数の課題について述べることができます。ただし，本書の他の例文を参考にして，同じような表現は避けて書きましょう。

● Move 2

　最初の (1) では，メタディスコース However により Move 2 の始まりを明記しています。その後に，第5章で示したネガティブな表現により研究の Niche を明示します。ここでは，there is little research を使っています。Although を使い複文で記述する場合は，**例文120** を参照してください。(2) 以降は，同様に第5章**4**の Niche の観点1～5に関して記載していきます。

● Move 3

　Move 3 は，Move 2 で示した先行研究の Niche をいかに論文で克服するかを伝えます。この際，この例のように In this article といったメタディスコースなどで始まりを明確にします。続く (2) では，具体的な対処方法を書きます。この際，To を使った定型表現で始めるとスムーズに英文が続きます。ここで

は，使用頻度の高い To address のメタディスコースを活用しています。

(3) は，研究結果の示唆を記載します。この際，We show that のような定型表現で始めると，読者に結果の報告が記述してあることがわかりやすくなります。Introduction の最後は (4) のように，後に続く論文の構成を掲載して，読者が読みやすいように記述します。

● Literature Review

(1) では，研究テーマの重要性について，先行研究を引用しながら詳しく記述します。この際，ブースター表現を活用しテーマの大切さを訴求します。(2) では，研究の背景となる理論を明確にします。その後に (3) で，重要な概念や定義を説明します。(4) では，該当分野でまだ解明されていない課題を示唆します。これに基づき，(5) で仮説を設定していきます。

なお，第 4 章で示したように，経済学系の論文の中には，Literature Review の章を設けずに，Move 2 の中に含めるものもあります。この際は，Move 2 の (1), (2) の部分に先行研究の詳細なレビューを記載して，研究の Niche を明確にしていきます。

[図7-1] Introductionのテンプレート

Move I	目 的
(1)　The most significant and difficult problem is ___ _____	読者の注意を喚起 ・書き出し戦術 I - 8 から選択
(2)　More recently, there has been a profound increase in interest in _____ _____ （複数の先行研究引用）.	研究分野の重要性 ↓
(3)　In particular, it has been argued that _____ （複数の先行研究引用）.	研究領域の特定 ↓
(4)　For example _____ _____（主要な先行研究引用）.	具体的研究テーマ
※以下(3)と(4)を繰り返す（表現を変える）	

Move 2	目 的
(1)　However, there is little research which _____	研究の Niche
(2)　Moreover, few studies have investigated in ____　※以下 5 つの観点から Niche を示す	その他の Niche

Move 3	目 的
(1)　In this article, we _____	Nicheの解決
(2)　To address this gap in the literature _____　※他の Niche も同様に解決法を記載する	具体的解決方法
(3)　We show that _____　※複数の成果を記述	結果の示唆を報告
(4)　This article proceeds as follows: First, _____ Second, _____ Then, _____ Finally, _____	論文の構成を明示

Literature Review	目 的
(1)　_____ have long been considered（テーマを入れる） to be the most important _____	研究テーマの重要性
(2)　This research is based on theory of _____	背景理論の説明
(3)　Several important concepts for this article are defined here. ※複数の成果を記述	重要概念の定義
(4)　Nevertheless, no research has examined _____	未達成の課題の示唆
(5)　We thus hypothesize _____	仮説の設定

第 8 章

Method（研究の実施方法）の書き方〈1〉

この章のポイント
☑ 研究の再現性を実現するには
☑ Method の頻出語彙の活用

1　Method の役割

　査読者は Method の章で，Part 1のＱ２で解説した査読評価基準の５原則の「③ 研究の方法，理論の展開は十分か」を確認し評価をします。

　特にこの章において，実施した研究手法を別の研究者が同じ条件で行えば，同様の結果が得られるように報告する必要があります。これを**研究の再現性**といいます。

　量的な実証分析では研究仮説を立て，それらに対して実験やテストを行い，統計分析により結果を検証します。この**結果に影響を与えるものを変数**（variable）と呼びます。研究で求める結果を，**従属変数**（dependent variable）といい，その結果に何らかの影響を与える要因を**独立変数**（independent variable）と呼びます。それぞれの独立変数の影響力や，組み合わせに伴って結果が変化するので従属変数と呼ばれます。

　研究の重要な目的の１つは，従属変数に直接影響を与える**特定の独立変数を明確**にしたり，**それを導き出すモデルを構築**したりすることです。

　次の 例文159 では，研究の目的として携帯電話購入の決定要因を検証することが明示されています。その購入に影響を与えるさまざまな独立変数をモデルに入れて，どのような要因が決定に影響を与えるかを調べることになります。

例文159　Our <u>dependent variable</u> was the decision to purchase the mobile phones.
（我々は<u>従属変数</u>としてその携帯電話購入の決定とする）

2　信頼性と妥当性

　論文では，結果に影響を与える要因である**変数をいかに制御して研究を実施したか**を明確にします。これは，従属変数に直接影響を与えない変数を**可能な限り排除する**ことを示すためです。

　次の**例文160**は，インタビュー調査において，被験者に回答が点数化されることを伏せたという記述です。もし被験者が，点数化されるとわかっていたら，高い得点を取るような行動をとることも考えられ，結果に影響を与える可能性があるからです。

例文160　Interviewees were not told that their answers would be scored.
（インタビューは，結果が点数化されることを伝えずに行われた）

　研究目的以外で結果に影響を与える変数を制御するためには，研究の**信頼性**（reliability）と**妥当性**（validity）を確立する必要があります。

　信頼性とは，実験や分析の手法が確立されており，**誰が実施しても同じ結果が得られる**かどうかです。また，妥当性とは，研究などで得られた結果が**本当に測定したいことを反映している**かどうかということです。

　査読者は，投稿された論文の Method で，研究のデザイン，データの収集方法，分析手法について，信頼性と妥当性の観点から研究の再現性を確認します。

　例えば，国際ビジネスにおける英語のコミュニケーション能力を測りたいとしましょう。この際，TOEIC などの標準化されたテストを使えば，大量のデータに基づいて，確立された統計手法で結果を分析しているので**信頼性は高い**といえます。同じ能力の人が受験すれば，同じようなテスト結果を得られるように開発されているからです。

　しかし，このようなテストで実際のビジネス現場での英語能力を把握するのは難しいと思われます。なぜなら現実のビジネスでは，人と人が直接会い，さまざまな要因を考慮して交渉を行うからです。このような実際の場面における英語能力は，標準化されたテストで測ることは困難なため，**妥当性は低い**といえます。

　妥当性を高めるには，より実際のビジネスに近い状況を作り，英語でシミュレーションテストを行う必要があります。しかし，これは時間やコストがかかり現実的ではありません。また，交渉する相手や，交渉内容によって受験者の得るテスト結果にバラつきが出てしまいます。このため結果の信頼性を高めるのは容易ではありません。

　このように，信頼性と妥当性は，一方を高めれば，もう一方が低くなるというトレードオフの関係にあると一般に考えられています。1つの解決策として，**数的データを扱う量的分析**（quantitative analysis）と，被験者などから得た生の**現実的なデータを扱う質的分析**（qualitative analysis）を同時に実施する方法があります。

　次の **例文161** は財務データの回帰分析結果の妥当性を高めるものとして，他の企業の政策や，ステークホルダーへの説明の資料を集めたことが述べられています。質的な分析を加えることで，数的な分析結果を補完する効果があります。

例文161　We also collected archival data such as policy documents and stakeholder consultations. <u>They were used to validate</u> the results of our regression analysis on our financial data.（我々は同様に，企業の政策やステークホルダーへの説明の資料を集めた。これらは財務データの回帰分析結果<u>の妥当性を高めるのに使用された</u>）

戦略44

Method の章で研究の信頼性と妥当性を確立する

3　内的信頼性と外的信頼性

　研究の信頼性は，主に**内的信頼性**（internal reliability）と**外的信頼性**（external reliability）に分けられます。

　内的信頼性とは，研究における**実験等から得られた結果に一貫性**があるかという観点です。例えば，英語ビジネスの面接試験において，採点結果が順番などに影響されず，同じレベルの人には同じ採点ができているかということです。また，面接を複数で行う際に，採点者間で結果に差がないかという観点です。一般に，基本的な統計ソフトに得点結果を入力し，クロンバックの α 係数などで容易に確認することができます。 **例文162** は採点者間の信頼性の結果が高かったことを記述しています。

例文162　Inter-rater reliability was acceptably high（Cronbach's α ：8.75）.
　（採点者間の信頼性は受容可能なほど高かった：クロンバックの α 値：8.75）

　外的信頼性は，研究で使用したテストやモデルが，**外部のコンテクストにも活用でき同様の結果**が得られるかという点です。例えば，アンケート調査などを行う質問紙を考えてみましょう。自分で恣意的に作成したものを使い，結果を統計分析するのはできるだけ避けるべきです。外的信頼性が劣るからです。先行研究などで提示されている，多くの被験者などを対象とした，因子分析などに基づき開発された質問紙を活用しましょう。これらは，分析結果の整合性が得られることが確認されています。他のコンテクストでも同様の結果が得られるように構築され，一般に外的信頼性が得られます。

戦略45

　内的信頼性と外的信頼性を確認する

4　妥 当 性

　査読者が確認する妥当性は，論文の**研究仮説が確実に検証できる手法を用いているか**という観点です。妥当性はいくつかの観点がありますが，特に重要なのは，**内容的妥当性**（content validity），**規準関連妥当性**（criterion validity），**構成概念妥当性**（construct validity）の3つです。

　内容的妥当性は，**検証したい内容がすべて確実に調査できる**ようになっているかという観点です。同様に，検証する内容とは関係のない質問などが含まれていないかが重要になります。例えば質問紙調査の場合，仮説を検証するのに必要な項目が抜けている，または，あまり意味のない質問があると，結果の妥当性は低くなります。このため先行研究を参照したり，因子分析などの統計手法を使い，質問紙を整備したりすることで解決されます。

　規準関連妥当性では，実験や分析などで得られた結果が，**論文で扱ったコンテクスト以外でも妥当**といえるかを考慮します。例えば，自分で開発したテストやモデルで導き出された結果と，標準化された認知度の高いものによる結果に関連性があれば，規準関連妥当性が高くなります。例として，国際ビジネスの英語インタビューの結果と，同じ被験者が受けた TOEIC テストの結果に，高い正の相関関係があればテスト結果に妥当性があると考えられます。**例文163**では，相関関係の結果から結果の妥当性を報告しています。

例文163　This correlation provides in-sample evidence for the <u>validity</u> of our estimates.（このサンプル内における相関関係は，我々の評価の<u>妥当性</u>の証拠を提供している）

　構成概念妥当性は，調査したい要因を構成する変数が**理論的に妥当**かを考慮するものです。例えば，従属変数に影響を与える，独立変数が理論的に考えてすべて含まれているか，またその影響度が適切といえるかを確認します。このため，研究をデザインする際に，先行研究などを確認し，必要なすべての独立変数を考慮できるモデルを準備する必要があります。

戦略46

内容的妥当性，規準関連妥当性，構成概念妥当性を考慮する

5　コントロール・グループの設定

　人間の行動はさまざまな因子によって影響を受けます。例えば新製品のコーヒーの需要を調査する場合，時期や季節，景気や流行，都市部や地方などさまざまな要因が考えられます。また年齢や性別，嗜好や収入も影響を与えるでしょう。

　すべての変数を制御することは困難なので，他の外的要因を制御するためにコントロール・グループ（control group）を設定する方法があります。これは，2つの同質のグループを設定し，**片方にだけ特定の変数を条件として加える**ものです。例えば，調査対象の人を募集し，年齢・性別・嗜好・収入などが同じように構成される，無作為の2つのグループに分けます。同じ時期に実験を行い，一方のグループにだけ新製品を飲んでもらい，他方には従来品のコーヒーを飲んでもらいます。飲み終わった後に，2つのグループに同じ質問をして結果を比較します。

　このように，両グループの違いは，製品の違いだけにすれば，**他の変数をコントロール**でき，独立変数の効果を適切に測ることができます。**例文164** は論文で使われる具体例です。

例文164　We conducted a pretest-posttest experimental design <u>with a control group</u>. （我々は，事前と事後テストを，<u>コントロール・グループを設定して実施した</u>）

　比較対象群を表す control group に対して，実験対象群は，experiment group や，focus group，treatment group などが使われます。

6　Method の章の特徴語

　この章の必須の語彙を調べるために，MERAC から Method の章だけのコーパスを抜き出し，他の章との使用頻度の比較をしました。Keyword 分析という統計手法で Log Likelihood テストを行い，$p<0.0001$ の確率で統計的有意なものを抽出しました。表8-1に動詞の表現，表8-2に名詞やその他の表現としてまとめていますので，この章の執筆に役立ててください。

6-1　Method で使用頻度の高い動詞表現

　この章の動詞の特徴的な使用法は，**過去時制が圧倒的に多い**ということです。これは，研究手法の設定や実施，結果の分析の報告が多く，これらの過去に実施したことを出来事動詞で記述するからです。☞**第3章**

　それぞれの動詞の使用頻度が高いのは，どの論文もこの章において定型的な動詞表現を使うからです。この章の書き方は，定型表現をそのまま活用することで可能となります。

　特徴語として，使用頻度が特に高いのは be 動詞の was と were です。これらは，被験者の属性や実験の状況を表すのに使われます。**例文165** は研究を行った場所について，was を使い報告しています。

例文165　The setting for this study <u>was</u> an IT company center in Silicon valley.
（この研究の設定は，カリフォルニアにある IT 企業<u>であった</u>）

　また，多くの be 動詞は，次の **例文166** のように**研究手法を記載するときに受動態として**活用されます。

例文166　Surveys <u>were provided</u> in Italian,
（質問調査紙はイタリア語のものが<u>配布された</u>）

戦略47

Method の動詞は過去時制で受動態が中心となる

［表8-1］ Method 章の特徴語としての動詞

研究の手法（被験者やデータへの対応）	
使用する	used（232）
含む	included（112），include（69）
範囲にわたる	ranged（28）
割り当てる	assigned（40）
選ぶ	selected（38）
分ける	divided（27）
告げる	told（21）
許される	allowed（32）
採用される	employed（42）
記号を付する	coded（48）
研究の実施（被験者やデータへの対応）	
実行する	conducted（51）
実施する	administered（15）
インタビューする	interviewed（16）
録音する	recorded（18）
観察する	observe（44），observed（36）
報告する	reported（56）
完成する	completed（53），complete（35）
集める	collected（45）
結果の分析（被験者やデータへの対応）	
計測する	measured（87）
計算する	calculated（29）
評価する	assess（33），assessed（20）
識別する	identified（43），identify（43）
その他（被験者やデータへの対応）	
be動詞	were（629），was（487）
had	had（58）

＊（　）の数字はコーパスにおける使用頻度

6-2　名詞や副詞表現

　Methodでよく使われる名詞や副詞の語彙を表8-2にまとめています。皆さんの執筆の際に活用してください。（　）の中は，Methodの章で使用されている回数です。これらの表現は，調査の対象や被験者と，年齢・性別・職業など変数となる属性を表すものが多く使われます。また活用するデータは，いつ収集したものか明確にする必要があります。さらに，どのようにデータを収集したのか検証タスクに関する語彙の使用頻度が高くなります。この収集したデータをいかに分類し，記号を付け，得点を与えるのか明確にする表現も多用されます。

[表8-2]　Methodにおける使用頻度の高い名詞や副詞

調査の対象や被験者	
被験者	participant（36），participants（181），subject（46），subjects（63），population（60）
使用者	users（71）
監督者	supervisor（52），supervisors（17）
候補者	candidate（19）
サンプル	sample（262），sampling（29）
被験者の属性	
年齢	age（58），years（111）
性別	gender（42）
職業	occupation（34）
無作為の	randomly（47）
規模	size（68）
コントロール・グループ検証対象グループ	control group（14），treatment group（3），focus group（3）
調査の時間的条件	
分	minutes（22）
時間	hours（35）
年	year（159）
期間	period（198）
時間の長さ	length（28）

時間・時期	time（330）
研究タスク	
インタビュー	interview（38）
質問	questions（45）
質問紙	questionnaire（17），questionnaires（4）
質問調査	survey（103），surveys（55）
観察	observations（44）
手順	procedure（42）
検証	study（174）
データ収集・分類・測定	
収集	collection（36）
測定	measures（104）
分析	analysis（143），analyses（48）
スケール	scale（33）
点数	score（43）
評価	ratings（56）
記号付け	codes（37），coding（40）
データ	data（450）
変数	variable（127）
信頼性	reliability（26）
妥当性	validity（26）

＊（　）の数字はコーパスにおける使用頻度

戦略48

Method 章は研究デザインに関連する特定の語彙を多用する

6-3　We, I 代名詞の使用

　Method は他の章に比べ，We, I の関連語が特に使用頻度が高くなります。表8-3に，この章の特徴語として，頻度の高いものを掲載しています。

［表8-3］Method 章の特徴語の代名詞

We 関連	We（583），we（921），our（509）
I 関連	I（160）

＊（　）の数字はコーパスにおける使用頻度

● We の関連語

　We の関連語が多く使用されるのは，この章で研究の手法を**書き手がどのように実施したか**を詳細に記述するためです。表8-4に We の関連語と結び付きの強い語を抽出するクラスター分析の結果を示しています。

［表8-4］Weを使った定型表現：クラスター分析結果度

We / we	（　）内は使用頻度
使った・使う	used（67），use（43）
含む・含んだ	include（14），included（3）
尋ねた	asked（14）
観察する	observe（19）
実行した	conducted（16）
識別した	identified（10）
仮定する	assume（15）

　興味深いのは，include や observe，assume は現在時制で使われることが多いことです。これらは，書き手が一定の普遍性があると考える事象に使われる傾向があります。**例文167** を見てください。これは研究の前提条件として，CEO の特性を定義しているため現在時制となっています。

例文167　　We assume that a CEO can sell labor to only one company in a period.（CEO は，1つの時期には，1つの企業に対して労働を提供すると我々は仮定している）

● I の関連語

　論文では I の表現はあまり使われません。I を使うと主観的な観点になるので避ける傾向があります。しかし，単著の論文で Method の章において独自の

研究手法やモデルの構築に際しては使用する場合があります。

　表8-5にまとめているように，I を使った定型表現は限られています。control for，assume は現在時制で使われます。一方，used や included などは過去時制の使用となります。

［表8-5］I を使った定型表現

I	（　）内は使用頻度
使用した	used（13）
含んだ	included（9）
調整する	control for（7）
仮定する	assume（5）

　I の活用は，書き手が実施した，**独自のデータ収集法や分析方法が特に研究結果に影響を与える**際に使われる傾向があります。

　例文168 では，著者はクリエイティブな産業の区分を，英国の統計局の区分に基づいて行ったことが記述されています。特定の産業区分があまり明確でない場合は，書き手が論文でどのように対処したのか，具体的に記載する必要があります。

例文168　I <u>control for</u> the main types of creative industries as delineated by UK Statistics Authority.
（私はクリエイティブな産業の主なタイプを英国統計局の区分で<u>調整する</u>）

戦略49

独自の研究デザインの詳細な説明は代名詞の We や I を使う

第9章

Method（研究の実施方法）の書き方〈2〉

この章のポイント
☑ Method の構成要素
☑ Method の Move 構築

1　Method の構成要素

　前章では Method の必須条件である研究の再現性について，信頼性と妥当性の観点から説明しました。また使用頻度の高い語彙をまとめました。この章では，これらを活用したより具体的な書き方を確認します。

　この章のタイトルは，Method 以外に Methods や Data and Methods などが使われます。構成要素として，どのようなデータを，いかに集めたかを記載します。また，そのデータを分析した手法を明確にする必要があります。経済学・経営学の論文は，図9-1のように **Data** と **Analysis** の**2つで構成され**，それぞれに Move（読者に情報の流れを効果的に伝えるディスコース・ストラテジー）があります。

[図9-1]　経済学・経営学 Method の Move

Ⅰ Data
　　Move 1　被験者（Participants）または検証の対象物（Samples）
　　Move 2　データの収集方法（Procedures）

Ⅱ Analysis
　　Move 3　収集データの分析方法（Measures）
　　Move 4　実証モデルの構築方法

1-1　Data

　ここでは，図9-1にあるように，主にMove 1とMove 2で構成されますが，研究の手法によってそれぞれの内容はさまざまになります。

　被験者を対象とした研究ではMove 1を詳細に書きます。これは人間の行動は不確実な要因が多く，変数をどのようにコントロールしたのか明確にする必要があるからです。また，インターネット上の情報からデータを集めた場合は，出所を詳しく記載します。一方，政府や他の機関で公表されている統計資料などの場合は，Move 1は短く，出所だけ書くことになります。

　Move 2は，特定の対象からどのようにデータを抽出したのか，具体的に設定した条件を明確にします。被験者を対象にした場合は，質問紙やインタビュー，観察法などさまざまなデータ収集方法が考えられます。これらを先行研究の手法に準じて詳細に報告します。統計データの場合は，年度や機関，場所などを明示します。

1-2　Analysis

　Analysisには，図9-1のようにMove 3とMove 4がありますが，必ずしも両方とも詳細に書くとは限りません。経営学などの分野では，Move 4でモデルを構築するのに重きを置く論文がそれほど多いわけではありません。特に，被験者を対象とした実験では，前述のように，データの収集方法が多様です。このため，Move 3のデータの分析方法を詳しく述べ，どのように変数をコントロールし信頼性と妥当性を構築したのかを明確にします。一方で，計量経済学などを扱う論文では，Move 4の実証モデルの構築が中心になります。

　Methodの各Moveには，それぞれ特徴的な書き方があります。前章の表8-1や表8-2の使用頻度の高い語彙を活用して，読者が理解しやすいように記述していきます。

戦略50

Methodは4つのMoveで構成

　次の節2から，それぞれの Move の書き方を具体的な例文を見ながら説明していきます。はじめに被験者を扱う Data の書き方を見て，次に，対象が人ではない場合の Data の書き方を確認していきましょう。

2　被験者（Participants）の Data の書き方

2-1　被験者サンプリング

　研究の参加者については，表8-2で見たように，participant(s) や subject(s) といった表現を使います。人を対象とする研究は，**研究結果を左右する変数が多く**，論文ではどのような人が対象になったのかを詳しく書きます。

　検証したい対象となる集団（population）の全員に対して調査をするのが最も妥当性があります。しかし，実際には該当するすべての人についてデータを集めるのは不可能です。例えば，日本の大学生のラグジュアリー・ブランドに対する意識調査を実施したい場合，全国の学生に調査するのは現実的ではありません。

　このため，特定の大学生を選んで調査することになります。これは，**サンプリング**（Sampling）と呼ばれ，**母集団の特徴を的確に反映している特定の被験者**グループを抽出することが求められます。このためには，サンプルに偏りがないように，無作為に抽出する方法（random sampling）があります。例えば，登録している名簿などがある場合に，各人に番号を付け，末尾の数字が5の人を無作為に研究の対象とするといった手法です。

　また，外部の変数をできるだけ制御するために，**第8章5**で見たように，コントロール・グループを設置する方法が採られることもあります。

2-2　Move 1　被験者の属性

　実験の参加者は，属性によって異なる行動をとる可能性があります。これらは，年齢，性別，国籍，居住地域，所得，学歴などです。論文では，このような研究結果に影響を与える変数を詳細に書く必要があります。

　被験者を対象とする Move 1 は，次のような項目が考えられます。順番は多少異なることもありますが，主に次の3つになります。

① 所属または地域：職場，大学，社会的地位や出身地，在住地

② 被験者の選び方：参加人数，男女比，出身構成比，年齢

③ その他の従属変数に影響を与える被験者の特性

例 ● 研究に関連する学習経験や事前の体験

　　● 収入など消費行動に影響を与える変数

● 所属，人数と学歴の具体例

　まず，対象とする被験者が属するコンテクストを説明し，どのような母集団を代表しているのかを明示します。**例文169** は，①に該当する参加した学生の所属と専攻と，②の項目の参加人数が120名であることが（　）内に記述されています。

例文169　MBA students <u>enrolled in a</u> management course studying corporate marketing participated in this study （<u>N</u>=120）.（この研究には企業マーケティングを学んでいる経営コースの MBA の学生120<u>人が参加した</u>）

　次の **例文170** では，実験に参加した被験者の住む国と，所属する業界の情報と学歴の平均が記載されています。

例文170　We <u>recruited</u> 200 <u>working adults</u> from a variety of different organizations and over 6 different industries <u>in the U.K.</u> These industry types included IT, finance, education, healthcare, hotel service and transportation. <u>Average education level</u> was a bachelor's degree. （我々は<u>英国の</u>6つの産業にわたるさまざまな組織から，200人の<u>成人の労働者を採用した</u>。これらは IT，金融，教育，医療，ホテルと運輸業であった。<u>学歴の平均は</u>大学の学士号の所有者である）

● 被験者の性別と参加者の男女比の具体例

　例文171 では，フランス語で就職活動について話せることが要件として述

べられ，参加者の合計人数と，男女それぞれの人数が記載されています。

例文171　Participants were required to report in French about their job hunting experience. They were 150 college students, 80 men and 70 women.（<u>参加者は</u>，就職活動の経験についてフランス語で報告することが<u>求められた</u>。彼らは150人の大学生で，80人が男性で70人が女性であった）

● 人種と平均年齢の具体例

　例文172 は，被験者の平均年齢と，人種が記載してあります。人種によっても，特定の事象に対する行動が異なる場合があるため，書いておくことが必要です。

例文172　<u>The mean age of the participants</u> was 27. The sample was 80% female, and 55% were Caucasian; 30% were African American; and 15% were Hispanic.（<u>参加者の平均年齢は27歳である</u>。80％が女性で，55％が白人，30％が黒人，15％がヒスパニックであった）

● 企業規模と身分の具体例

　企業内の調査を行う際は，次の **例文173** のように，研究結果に影響を与える雇用者の人数や，身分構成を記載することも大切です。

例文173　This company <u>employs</u> about 4,000 people per year. Eighteen percent of the employees are managers, 42 percent are white-collar employees who are not managers. The remaining 40 percent are blue-collar employees.（この会社は毎年およそ4,000人を<u>採用しており</u>，18％が管理職で，42％が管理職でないホワイトカラーとなっている。残りの40％がブルーカラーである）

戦略51

被験者を扱う実験は，変数となる詳細な情報を記載

2-3　Move 2　データの収集方法

　特定のサンプリングした被験者に対するデータ収集タスクの方法によって，得られた結果の性質が異なってきます。制御する変数が変わり，分析方法にも違いがあります。被験者を扱う実験のデータ収集タスクとして，質問紙調査，インタビュー，観察法，ダイアリーなどが代表的です。

●質問紙調査

　一度に多くの被験者からデータを収集することができる質問紙調査は，最も汎用性がある手法です。この際，**例文174** のような，**リッカートタイプ**の5件法などで数字で回答を求めると，**数的分析として統計処理**が容易になります。**例文174** は，会社における昇進の動機付けに関する意識調査です。質問の数や回答の時間を明確にしています。

例文174　The participants <u>completed a survey</u> including questions about motivation for promotion with <u>5-point Likert-type scales</u> <u>ranging from</u> strongly agree <u>to</u> strongly disagree. They completed the questionnaire <u>consisting of</u> 30 <u>items within</u> 20 minutes.（参加者は，昇進に対する動機付けに関する，強く同意する<u>から</u>，強く同意しない<u>までの</u>5段階のリッカートタイプの<u>質問</u>を完成した。彼らは30の<u>項目で構成された</u>質問紙を20分<u>以内で</u>完成した）

　また，独自の質問紙項目を作成する際には，まず対象者に自由に記述してもらい，できるだけ**多くの概念を抽出します**。事前にこのようにして，項目作成に参考になる概念を把握できれば，**調査項目の漏れがなくなり，内容的妥当性が高まります**。☞**第8章4**

　以下の **例文175** では，予備調査として，戦略に関する自由記述を行い，さ

まざまな概念を抽出して検証の妥当性を高めることを記載しています。

例文175　To improve the content validity of the analysis based on participants self-reports, the pilot study had two stages. First, the researcher used an open-ended questionnaire to elicit a variety of strategy items.（被験者の自己報告による分析の内容的妥当性を向上させるために，2段階の予備調査を行った。最初に，研究者はさまざまな戦略の項目を抽出するために自由記述の質問紙を使った）

● インタビュー調査

　質問紙調査は，あくまでも被験者の考えを紙ベースで報告するといった間接的な情報ですが，インタビュー調査は**その人から直接意見を聞いてデータを収集できる**方法です。得られた質的な情報から多くの示唆が得られます。ただし，その場でデータを分析することは難しいため，録音しておいて，後で文書に書き起こしをする方法が有効です。この際，次の**例文176**のように，**実施の形式や，かかった時間**を記載しておきます。

例文176　All staff members of the HR department were invited for informal in-depth interviews about working environmental issues（N=16）. The interviews lasted between 30 and 50 minutes. All interviews were recorded and transcribed.（人事部のすべてのメンバー16人は職場環境の問題についてインフォーマルな詳細にわたるインタビューに招かれた。インタビューは30分から50分かかった。すべてのインタビューは録音され，文章に書き起こされた）

● 観 察 法

　この手法は，被験者に自由にタスクを実施させ，**どのような行動をとるのか観察する**ことで，質的な研究の成果を得る方法です。この場合は，参加者の行動をビデオテープなどに録画しておいて，行動を分析する方法が採られます。

発話などを文章化してデータとして使うことも可能です。次の 例文177 は，このような手法の具体例となります。

例文177　All participants were asked to complete interaction tasks with pairs. During the task, their performance <u>was videotaped as observation data</u>. All the interactions were <u>transcribed and analyzed</u>.（すべての参加者は，インタラクションのタスクを完成するように頼まれた。そのタスクの間，<u>観察のデータとしてビデオテープで記録された</u>。すべてのインタラクションは<u>文章化され分析された</u>）

●ダイアリー

　研究の参加者の考えや行動を記録してもらうことで，長期にわたる自由記述のデータや，**被験者の変化の状況**を把握することができます。このような質的データは，数的データで見落としがちな，詳細な情報を得ることが可能です。例文178 では，被験者に新しい職場における経験について，毎週ダイアリーを付けるタスクを設定しています。この手法では，被験者の新たな環境への適応について，6か月間にわたり記録してもらうことができます。このようにすれば貴重な質的データとなります。

例文178　The first part of the study consisted of <u>a diary study</u> in which participants <u>completed several short surveys</u> regarding experience at their new office every week over six months.（研究の初めの部分は<u>ダイアリー調査</u>であり，被験者は，6か月にわたり毎週，新たな職場の経験に関して<u>複数の短い質問に対して回答をした</u>）

戦略52
データ収集方法は再現性を考慮して明確に記述

3　検証の対象物（Samples）のデータの書き方

　検証の対象が被験者ではなく，公共機関の統計情報や，インターネット上の情報である場合は，Move 1 では単純にデータの源を示し，続く Move 2 で詳細な入手情報を記載します。このため，被験者を取り扱う研究のように最初の2つの Move の区別は，それほど明確ではありません。

● 公開資料

　政府や公的機関が公開している統計資料や，民間の調査機関が有料で提供する資料を活用することで，豊富な資料が手に入れられます。また，一般にこれらの情報は，信頼性の高い方法で収集されていることが多く，研究のデータ資料として有効となります。なお，特殊な機関などが取り扱う資料を活用する際には，追記の情報を詳しく掲載します。

　次の 例文179 は，Move 1 として公開されている資料の源を示しています。次に Move 2 として，その資料のどの部分を，どのくらいの期間活用するのか記述しています。

例文179　For the analyses of R&D investment, we used data provided by Canadian Business Statistics（CBS）made available to the public. As CBS data is quarterly, we identified the percentage of R&D investment held by each firm in the fourth quarter of year 2011 to 2018.（R&D の投資分析のために，我々は CBS が公開しているデータを使った。CBS のデータは四半期ごとなので，2011年から2018年の各年の第4期のデータで R&D の投資を確認した）

● Web 上のデータ

　現在は，企業などの詳細な情報がインターネット上で公開されています。これらをうまく活用することで，研究に有効なデータを集めることが可能です。各自で大量の資料が収集でき，経済的にもメリットがあります。

例文180 では，最初の文に Move 1 として，研究の目的と活用したサイトの情報が書かれています。続く Move 2 で，調査手法としてデータの抽出の仕方が記載されています。主要研究のデータとして活用する企業のウェブサイトの数を報告しています。

例文180　To identify long-lasting corporations, we visited company web sites and accessed their histories at John's on-line. Using these sites, we tried to find their length of operation, corporate policies and main products. Among these candidates, we selected companies which were more than 200 years old. As the result, we found 220 traditional companies and used their web data for our main analyses.（長期に存続している企業を識別するため，John's on-line のウェブサイトを訪問して企業の歴史にアクセスした。これらのサイトを使うことで，企業の運営年数，企業理念と主要製品を調査しようとした。候補の中で，200年以上の歴史のある会社を選んだ。結果として220の伝統的な企業を見つけ，それらのウェブデータを主な分析に使う）

4　Analysis

　Method の重要な役割として，集めたデータをどのような手順で分析するのかを読者にわかりやすく報告するということがあります。それではまず，Move 3 としてのデータの分析方法を確認していきましょう。

4-1　Move 3　収集データの分析方法
　データの分析方法の Move には，1．収集したデータの特定，2．データの具体的分析方法の説明，3．変数のコントロールがあります。

Move 3-1　収集したデータの特定
　これは収集したデータを分析で使うために区分したり，コードを付与したりする方法です。

● データを区分するときの具体例

　集めたデータを属性によって区分し，それぞれの特性を分析することがあります。 例文181 では，収入によってデータを分けて観察することを報告しています。

例文181　We observe income <u>grouped into four tiers</u>.
（我々は収入によって，<u>4つのティアに分けて</u>観察する）

● データにコードを付けるときの具体例

　質的な調査で集めたデータを分析するために，内容に特定のコードを付けて分類することがあります。このようにコードで分類できれば，抽出した分類ごとの出現回数も計測でき，数的な分析も可能となります。

　例文182 は，被験者の交渉活動の結果を，先行研究の手法を活用してコード化し，分類している研究報告です。コード付けは，採点者が独立して行い，結果の信頼性も記載されています。

例文182　Task performance data <u>were collected using</u> Newman's（2002）six-item measure of negotiation behavior. We decided to have <u>each author code the same data separately</u>, and then we met to discuss our coding（<u>inter-rater reliability</u> = .92）.（タスクのパフォーマンスのデータは Newman's（2002）の交渉活動を測定する6つのアイテムを<u>使って集められた</u>。我々は，同じデータを，<u>それぞれの著者が別々にコードを付け</u>，その後にコード化について話し合った。<u>採点間の信頼性</u>は0.92である）

● 質的データから分析項目を抽出する

　質的に得られたデータを項目ごとに分類して，量的な分析に活用するという手法もよく使われます。 例文183 は，検証で使う調査項目を抽出した手法について具体的に述べています。

例文183　<u>To develop a scale for</u> office creativity, we <u>generated</u> a pool of 50 items from the open-ending questionnaires（N=300）. We narrowed our pool of potential items <u>by eliminating redundancies, creating</u> 30 <u>items</u> for the initial analysis.（職場の創造性の<u>スケールを構築するために</u>，300名の自由記述の質問調査から50の予備項目を<u>抽出した</u>。この候補の中から<u>類似したものを削除して</u>，初期調査のための<u>30項目を作った</u>）

Move 3-2　分析方法

　データ分析の手法にはさまざまなものがあり，研究の目的によって最適なものを活用する必要があります。ここでは，いくつかの代表的な手法を紹介します。先行研究を参考に，最も広く使われている方法を選びましょう。

●因子分析の手法の具体例

　リッカートタイプの質問紙調査などにより，回答を数値化して，特定の因子を確認したいときには因子分析が有効です。次の **例文184** では，業務への従事に影響を与える因子を抽出するために，因子分析を使用したことが記載されています。

例文184　We <u>performed a factor analysis</u> of job involvement items. Our aim is to <u>identify several principal factors</u> embedded within central life interest.（我々は職業への従事に関する<u>因子分析を行った</u>。我々の目的は人生における中心的な興味を含んだ，いくつかの<u>主因子を見つけることである</u>）

●統計ソフトを使った分析の具体例

　データを特定のソフトで分析した場合は，その名称などを記載しておく必要があります。また，分析方法によっては，データが正規分布かどうかで解析の手順が異なる場合があります。次の **例文185** は，質問紙調査の結果を SPSS というソフトで分析したことが書かれています。またデータの正規分布についても記述があります。

例文185　All of the questionnaires <u>were computer coded</u> and SPSS 14.0 <u>was used for analyzing the data</u>. Because the data were <u>normally distributed</u>, we applied parametric procedures. The level of significance was set for $p < .05$.（全質問紙は<u>コンピュータに入力され</u> SPSS14.0が<u>分析に使われた</u>。データは<u>正規分布</u>だったのでパラメトリックの手法を用いた。棄却域は$p < .05$で設定された）

● 回帰分析等の具体例

　回帰分析の手法によって，従属変数の値を推測する回帰モデルを構築する手法がよく活用されます。この際には，先行研究などを参考にして，回帰モデルの構築に影響を与える変数を定義して活用することが重要です。

　次の**例文186**は，会長職の超過給与に関する検証に最小2乗回帰（OLS：Ordinary Least Squares regression）を活用した例文です。ここでは基本的な手法を述べています。

例文186　<u>By following prior research</u>, we <u>calculated</u> excess pay as the residuals from <u>OLS regression</u> where we regressed company chairperson total compensation on factors which can predict chairperson pay.（<u>先行研究に沿って</u>，給与の予測可能な，会長職の総給付の<u>OLS回帰</u>の残差として，超過給付を<u>計算する</u>）

Move 3-3　変数のコントロール

　求めたい変数を適切に検証するためには，信頼性と妥当性を考慮して独立変数を選び，その他の変数をコントロールする必要があります。

　次の**例文187**は，**例文186**に続く文です。ここでは会長職の超過給与に関する最小2乗回帰分析に活用した変数を解説しています。

例文187　The regression included company size, prior performance, chairperson age, firm stock returns, and year dummy variables.（回帰の変数には，企業規模，以前の実績，会長の年齢，株式利回り，年度ダミーなどの変数が含まれる）

例文188　では，独立変数と従属変数を抽出した年数が記載されています。また，独立変数が従属変数の説明に十分寄与しているのかを確認しています。

例文188　Independent and dependent variables were collected from 2010 to 2019. Lagged models were used to ensure that variation in the independent variable was adequately captured in the dependent variables.（独立変数と従属変数は2010年から2019年の間に収集された。独立変数が十分に従属変数に寄与しているのか遅延モデルを使って確認した）

戦略53
データ分析方法は信頼性と妥当性の観点から正確に提示

5　Move 4　実証モデルの構築方法

計量経済学などの論文では，実証モデルの構築が主な目的になります。

この際，まず基本となる定説のモデルを提示します。これらに関してデータを用いてモデルをどのように発展させていくかを Method で示します。さまざまなモデルの構築法があるので，詳しくは先行研究をよく確認してください。ここでは，見本として Goldschmidt and Schmieder（2017: 1183）の Method を紹介します。基本のモデルを書く参考にしてください。

"We use an event-study framework, using the full employment histories of our treatment and control groups by estimating regression models of the form: (2)

$$y_{ijt} = \sum_{k=-5}^{10} \delta_k I \ (t = t^* + k) \ Outsourced_i + a_i + \xi_j + \theta_t + x'_{it}\beta + \varepsilon_{it},$$

<u>where</u> y_{ijt} is an outcome variable for individual i in year t on job j, such as the log daily wage, and $Outsourced_i$ is <u>an indicator for</u> whether the individual was outsourced in year t^*. a_i are individual fixed effects, θ_t are year fixed effects to control for year-level shocks that could affect all workers and jobs, x_{it} are individual level time varying worker controls, and ε_{it} is an error term." （我々はイベント研究の<u>フレームワーク</u>を使う。我々の<u>対象グループ</u>とコントロール・グループの終身雇用歴に関する，次のような推定回帰モデルを使う。<u>この</u> y_{ijt} は，結果の変数で個人 i の仕事 j の年 t を表す。例えば，日々のログ賃金などである。$Outsourced_i$ は，個人が t^* 年度にアウトソースとして働いたかどうかの<u>指標である。</u> a_i は，それぞれの固定効果である。θ_t は，年度の固定効果で，すべての労働者や仕事に影響を与えるショックを年ごとのレベルでコントロールしたものである。x_{it} は，個人レベルの労働者としてのコントロールの時間の多様さである。ε_{it} はエラー項目である）

6　Method 章のまとめ

　前章と本章で示した Mehod の書き方の基本の枠組みをテンプレートとして図9-2に示しています。Method の章を書く際に，適宜下線の所に必要情報を入れて活用してください。ただ，ごく基本的な内容しか扱っていませんので，見本として英語論文執筆に慣れるまでの参考と考えてください。前述のように，経済学・経営学の分野の Method は Data と Analysis で構成します。以下に，この図9-2を活用しながら Method の書き方を再度まとめていきます。

6-1　Move 1　データの特性

　Move 1 の初めに，仮説を検証するためのデータの種類を明示します。この際，被験者を扱う場合は，調査の場所，被験者の選出方法，男女比，年齢および所属する団体を明確にします。さらに，収入や人種，学歴など，結果に影響

を与える変数要因はすべて記載します。

　公開資料などのデータを活用する場合は，データ提供の源や入手の経緯を明確にします。

6-2　Move 2　データの収集方法

　ここでは，具体的にどのような手法で特定のデータを入手したのかを記載します。この際，被験者を対象とする実験では，質問紙，インタビュー，観察，ダイアリーなどさまざまな手法があるので，それぞれ独自の書き方があります。いずれも，査読者が同じ状況で研究の再現ができるように詳しく報告します。

　被験者以外の公開の資料などは，いつの年度のどの部分を使ったのか記載します。また，その資料を使って特定のデータを作成加工した場合は，その手順も明示します。

6-3　Move 3　収集データの分析方法

　集めたデータをどのように分析したのか Move 3 で記載します。ここは主に3つの下位 Move があります。

●Move 3-1　収集データの特定

　収集データは，分析のためにグループ分けしたり，細分化することもあります。また質的データなどの分析のために，収集したデータにコードを付けたり，アイテム項目を抽出する場合があります。このような手順は変数に直接影響を与えるので，読者にわかりやすく書く必要があります。

●Move 3-2　分析方法

　研究の目的によって，さまざまな統計分析方法から適切な手法を選択する必要があります。因子分析や，回帰分析など，それぞれの種類によって分析方法が異なります。先行研究を確認して，最適な分析方法を正確に記述します。

● Move 3-3　変数のコントロール

　研究の再現性を確立するために，信頼性と妥当性を構築する必要があります。このために研究で扱う変数を正確に提示し，どのように適切にコントロールしたのかを報告する必要があります。

● Move 4　実証モデルの構築方法

　この Move は，計量経済学など，実証モデルの構築を目指す論文に必要なものです。初期のモデルを説明し，特定のデータを使い，そのモデルをどのように展開していくのか，わかりやすく記述していきます。多様な形式があるので，先行研究を参考にしながら仕上げてください。

［図9-2］ Method のテンプレート

Move l　データの特性	目的
To examine these hypotheses we collected data about	書き出し文
＿＿＿＿＿＿＿＿＿＿＿＿＿＿＿＿＿＿＿． データの種類	データ種類明示
l　被験者を使った実験・調査の場合	
(1)　The setting for this study was ＿＿＿＿＿＿． 　　　　　　　　調査の場所を記入	調査の場所 ↓
(2)　We recruited ＿＿＿＿＿＿＿＿＿＿＿＿＿． 　　　　どのように選んだか	被験者の選出方法 ↓
(3)　They consisted of＿＿men and＿＿women at ＿＿． 　　　　　　　　　人数　　　人数　　機関名など	男女比・所属 ↓
(4)　The mean age of the participants was ＿＿＿＿＿， 　　　　　　　　　　　　　　　　平均年齢 　　ranging from＿＿＿to＿＿＿． 　　　　　　最年少　最年長	年齢 ↓
(5)　＿＿＿＿＿＿＿＿＿＿＿＿＿＿＿＿＿＿＿． 　　その他の従属変数に影響を与える被験者の特性	他の特性

| 2　被験者以外の対象物の場合
For the analyses of＿＿＿＿, we used data provided
　　　　　　　　　分析対象
by ＿＿＿＿＿＿＿＿＿＿＿＿＿＿＿＿＿＿＿＿＿＿＿＿＿.
　データ提供の機関やサイト | データ入手先 |

Move 2　データの収集方法	目的
1　質問紙調査の場合 (1)　The participants completed a survey with ＿＿＿＿＿ 　　　　　　　　　　　　　　回答段階の数字 　　point Liker type scale egarding ＿＿＿＿＿＿＿＿. 　　　　　　　　　　　　調査課題などを記載	質問形式・内容 ↓
(2)　They completed the questionnaire within ＿＿＿＿＿ 　　minutes.　　　　　　　　　　　　時間を書く	所要時間
2　インタビューや観察法の場合 (1)　They were asked to complete ＿＿＿＿＿＿ tasks. 　　　　　　　　　interview または obsevation	検証タスク種類 ↓
(2)　All the videotaped interactions were transcribed and 　　analyzed.	データの文章化
3　被験者以外の対象物の場合 We identified ＿＿＿＿ data of year ＿＿＿ to ＿＿＿＿. 目的とするデータの種類　　年度始まり　　終わり	資料の中のデータの特定化

Move 3　収集データの分析方法	目的
Move 3 - 1　収集データの特定 1　データをコード化する場合 Task performance data were coded using ＿＿＿＿＿＿	データのコード化
2　アイテム項目を抽出する場合 By using ＿＿＿＿, we created ＿＿＿ items for the 　　　　抽出方法　　　　　　　　項目数 analysis.	アイテムの抽出
Move 3 - 2　分析方法 1　因子分析など We performed a factor analysis of ＿＿ to identify ＿＿＿ 　　　　　　　　　　　　　　　データ　　　　　　目的	因子の抽出方法
2　回帰分析など We used ＿＿＿ regressions to analyze ＿＿＿＿＿ data 　　　回帰分析手法　　　　　　　　　分析データ	従属変数の求め方
Move 3 - 3　変数のコントロール ・The regression included ＿＿＿＿＿＿＿＿ variables. 　　　　　　　　　　変数の種類など	変数の種類など
・Independent variables were ＿＿＿＿＿＿＿＿ 　and dependent variable was ＿＿＿＿＿＿＿ 　　　　　　　　　　　具体的な変数	独立変数・従属変数の説明

Move 4　実証モデルの構築方法	目的
・初期モデル 　To examine our hypotheses, we start with ＿＿＿＿＿	初期モデルの提示 ↓
・分析 　We use ＿＿＿＿ framework, using ＿＿＿＿＿＿	データによるモデルの分析 ↓
・モデルの展開 　The second step identifies ＿＿＿＿＿＿＿＿	モデルの展開方法

第10章

Result（研究結果の報告）の書き方

この章のポイント

☑ Result の Move 構築

☑ Result の語彙の活用方法

1　Result の Move

　経済学・経営学のジャーナルにおける Result の章は，主に以下の３つの Move で構成されています。

Move 1　目的：仮説に沿って何を分析するのかを明示

Move 2　分析手法と結果：仮説の検証に使う分析手法と結果

Move 3　結果の示唆：得られた結果の説明やモデルの提示

　これらの Move を構築するために特定の語彙が多く使われます。ここでは，論文の他の章と比較したコーパス分析の結果をもとに，結果の報告に使われる頻度の高い表現を確認していきます。

　Result の章は，査読評価基準の５原則の「④ 研究の結果に基づいた解釈や結論か」に答えるために端的にわかりやすく研究の結果を報告します。☞**Q2**

　これを実現するための語彙として，主に以下の４つのグループがあります。

グループ１　仮説と検証に関する語彙

グループ２　統計分析に使用する表現

グループ３　統計分析結果の語彙

グループ４　図や表を説明する表現

2　Move 1 に関連する仮説と検証に関する語彙

　表10-1に，グループ1の仮説と検証に関する語彙を掲載しています。これらは Move 1 の目的として，仮説に沿って何を分析するのか記載するときに活用します。また Move 2 の仮説検証の分析手法を説明する際にも使用されます。（　）内に使用頻度を記載していますので，適宜よく使われる語彙を中心に活用してください。

[表10-1]　Result における仮説と検証に関する頻出語彙（グループ1）

実験と仮説の語彙	
仮説	Hypothesis（134）, hypothesis（31）, Hypotheses（24）, hypothesized（18）
モデル	model（243）, Model（91）, Models（71）
参加者	participants（51）
被験者	subjects（48）
グループ	group(s)（46）
コントロール・グループ	control group(s)（18）
処置	treatment（54）
道具	instruments（28）
使用して	using（103）
検証に関する語彙	
評価	estimates（84）, estimated（48）
分析	analyses（52）
テストする	test（69）, tested（52）
比較する	compared（36）, comparing（10）
発見する	find（70）, found（62）

　頻出語彙を使った具体的な Move 1 の書き方を見ていきましょう。Move 1 の特徴は，結果を導き出す**方法について端的に述べていきます**。すでに論文では Method の章で，分析の目的については詳しく述べているはずなので，ここでは再度確認することになります。著者によっては，Move 1 を書かずに，Move 2 の仮説の分析手法から始める論文もあります。

　以下に，代表的な例文を掲載します。下線部分は，そのまま執筆に利用できます。

例文189 では，Our aim is to answer という表現を使い，結果の報告の主な目的を最初に述べています。

例文189 <u>Our aim is to answer</u> the following question: given a list of costs and benefits of eliminating different types of serious issues, which ones should we eliminate?（<u>我々の目的は</u>以下の質問に<u>答えることである</u>。異なるタイプの深刻な問題の削除に関するコストと利益の与えられたリストから，どれを削除すべきかである）

例文190 は，Result の章の書き出し文として，外国投資のさまざまな局面に示唆を与えるモデルについて検証していくという目的を述べています。

例文190 This chapter <u>estimates</u> two variations of the <u>model</u> that have implications for various aspects of foreign investments.（この章では外国投資のさまざまな局面に示唆を与える２つのバリエーションの<u>モデルを評価する</u>）

次の **例文191** では，研究の主要な仮説をテストしていく手段についてMove 1 で読者に伝えています。

例文191 We <u>test</u> our main <u>hypothesis</u> by <u>comparing</u> core behavior under several parameters.（我々は，いくつかのパラメータに基づく中心の行動を比較することによって主要な仮説を検査する）

---

3 Move 2 分析手法と結果

Move 2 では，分析手法として活用する，グループ２の統計に関する語彙や，グループ３の統計分析結果の語彙を使い成果を報告していきます。グループ２の使用頻度の高い語彙を表10-2 に，グループ３の語彙を表10-3 にそれぞれまとめています。（　）内は Result の章における使用頻度です。

［表10-2］ 統計に関する頻出語彙（グループ2）

統計分析方法			
回帰	regression（51）	相関・相関の	correlations（31）, correlational（12）
分散分析	ANOVA（Analysis of variance）（11）	パス解析	path（37）
分散	variance（44）		
統計用語			
統計関連	statistics, statistically（52）	標準偏差	SD（standard deviation）（32）
従属変数	dependent variable(s)（40）	標準誤差	standard errors（9）
独立変数	independent variable(s)（13）	確率・p値	probability（59）, p（352）
制御変数	control variable(s)（18）	交互作用	interaction（95）
変数	variable(s)（169）	係数	coefficient(s)（122）
比率	ratio（27）	関係	relationship（109）
パーセント	percentage（43）	弁別性	distinctiveness（46）
パーセント点	percentiles（7）, percentage points（21）	主要効果	main effect(s)（20）
平均	mean（86）	帰無仮説	null hypothesis（7）
偏差	deviation（40）	予測	predictors（21）

［表10-3］ 統計分析結果の頻出語彙（グループ3）

結果を示す語彙			
結果	results（310）, Results（60）	割合	Rates（15）
結果が示唆する	indicate（27）, indicating（25）	パターン	Pattern（30）
支持する	supported（43）	効果	effect（188）, effects（190）
予測する	predicted（29）	影響	influence（74）
一致する	consistent（50）	タイプ	types（77）, type（48）
棄却する・棄却	reject（16）, rejected（6）, rejection（14）, rejecting（2）	間	between（232）

統計結果を示す語彙			
当てはめる・当てはまる	fit（41），fitting（8），fitted（1）	最高の・より高い	highest, higher（119）
有意な・有意さ・優位に	significant（199），significance（24），significantly（74）	緩やかな	moderate（38），moderates（9）
有意でない	n.s.（non significant）（20），nonsignificant（9）	わずかに	slightly（22）
有意とは言えない	insignificant（13）	マイナスの	negative（94）
相違	difference（57）	より小さい	smaller（30）
より	more（265）	より低い	lower（77）
～より	than（251）	より少ない	less（100）
プラスの	positive（169）	最低の	lowest（24）
強い	strong（48）	ゼロ	zero（45）
ずっと大きい	greater	ない	no（104）

　それでは，表10-2や表10-3を活用した実際の書き方を見ていきましょう。記述統計の表現方法や，代表的な統計分析手法に沿った結果の例文を記載しています。

3-1　記述統計の例

　Result の章では，検証したデータの記述統計をまとめて報告します。

　例文192 では，平均や標準偏差，相関係数を記載していることを述べています。

例文192　Descriptive statistics including means, standard deviations, and correlations are shown in Table 2. They seem reasonable.（平均，標準偏差，相関係数を含んだ記述統計を表2に示してある。それらは適切だと思われる）

3-2　ANOVA（分散分析）の結果の例

　分析によく使われる統計手法は，ほぼ書き方が一定です。**例文193** では，ANOVA の統計処理の結果，$p<.001$ の値で有意な結果となったことを報告し

ています。

例文193　The ANOVA revealed a significant main effect for time, F(2, 22) = 21.68, p<.001.（ANOVAの結果により時間に関する主要効果が明らかになった：F(2, 22) = 21.68, p<.001）

3-3　平均比較の結果の例

　次の **例文194** は，事前テストと，事後テストの間の平均の比較によって有意な差があることが明らかになったという内容を述べています。

例文194　The mean comparisons revealed significant differences between pretest and immediate posttest（p<.001, d = 2.90）.（平均の比較では事前と直後のテストの間に有意な差が明らかになった）

3-4　回帰分析の結果の例

　例文195 では回帰係数に有意な差があり，それが動機付けと昇進に関係があるという結果を示しています。この結果が論文の仮説を支持したことになります。

例文195　The difference in regression coefficients is significant（z = 2.56, p<.05）The result indicates that the relation between motivation and promotion. Thus, Hypothesis 2 was supported.（回帰係数の差は有意である。結果は動機付けと昇進の関係を示している。このため仮説2は支持された）

3-5　相関関係の結果の例

　相関関係の分析結果を示したのが **例文196** です。ここでは独立変数と従属変数についてピアソン相関係数の結果を示しています。モデルにおいて相関関係が低かったことを報告しています。

例文196 Table 2 shows the <u>Pearson correlation coefficients</u> <u>between the independent and dependent variables</u>. We can see the magnitude of <u>correlations</u> between the independent and control variables in both models was <u>low</u>.（表 2 に<u>独立変数と従属変数のピアソン相関係数</u>を示している。両方のモデルとも独立変数と制御変数の<u>相関関係は低い</u>）

3-6 パス解析の結果の例

例文197 は，パス解析による結果の値が高いことから，仮説が支持されたことを記述しています。

例文197 Hypothesis 1 <u>was supported by</u> the <u>strong and positive path from</u> Exchange Relationship <u>to</u> Voice Perceptions（β =.61）.（仮説 1 は，交流関係<u>から</u>音声認識<u>への強い正のパス</u>（β =.61）によって<u>支持された</u>）

3-7 カイ二乗検定における帰無仮説の例

データが正規分布を期待できない場合には，ノンパラメトリック検定（nonparametric test）を行います。この代表的なものがカイ二乗検定（chi-square test）で，独立性の検定にも活用されます。なお，**例文198** で使われている「帰無仮説を棄却する」は，他の統計分析結果でもよく使われる表現です。

例文198 <u>The chi-square test</u> <u>rejects the null hypothesis</u> that divorce rate is irrelevant in the first stage（$p<0.001$）.（<u>カイ二乗検定</u>の結果，その最初のステージにおける離婚率は不適切であるという<u>帰無仮説は棄却される</u>）

戦略54
分析方法と結果は定型表現を利用して端的に書く

4 Move 2 以降で頻出の図や表に関する表現

論文では，図や表を活用して読者にわかりやすく内容を報告していきます。
他の章でも図や表は使われますが，特に Result では使用頻度が高くなります。
グループ 4 の図や表を説明する表現の代表的なものを表10-4に示します。

[表10- 4] 図や表を示す頻出表現（グループ 4 ）

図や表関連語			
図	Figure（133）	増加する	increase（72）
表	Tables（245）	水平に	horizons（20）
コラム	column(s)（50）	坂	slope（22）
報告する	reports（33）	矢印	arrow（8）
表す	presents（36）	点線	dotted（11）
提示する・される	shows（73），shown（57）	中に・時点で	in（143），at（12）

特定のグラフや表について本文で述べるときは，表10-4にある show,
report, present の関連語彙が使われます。また，グラフや表の結果の概要を述
べるときには indicate や summarize の関連語彙が使われます。

- As shown in Figure 1（Table 1） 図 1 （表 1 ）で示されているように
- Figure 1（Table 1）shows 図 1 （表 1 ）が示している
- Table 1 reports, are reported in Table 1 表 1 で報告する（されている）
- Table 1 provides 表 1 が提供している
- Table 1 summarizes 表 1 が要約している
- Table 1 indicates 表 1 が示す

次の 4 - 1 から，図に関する表現と例文，および表に関する例文を見ていき
ます。なお，表10-4に示した語彙以外にも有効な表現があるので，これらの
使い方も確認していきます。

4-1 図を説明する表現

図やグラフは Figure と表記され，略語は Fig.となります。結果を視覚で示

すのにとても有効です。特定の表現がよく使われますので，そのまま活用してください。

4-1-1　グラフの種類

論文で使われるのは，次のようなグラフが主になります。

- 棒グラフ：　a bar graph
- 度数分布図：a frequency histogram
- 線グラフ：　a line graph
- 散布図：　　a scatter plot
- 円グラフ：　a pie chart

4-1-2　グラフの描写

グラフの具体的な箇所に関しては以下のような表現で描写します。

- X軸：X axis, Y軸：Y axis, 原点：origin
- 最高点：the highest point, 最低点：the lowest point
- 直線：a straight line, 立体曲線：a solid curve

4-1-3　グラフの説明

グラフの変化や状態を表現するのは次のような動詞が使われます。

- 増加する，上がる：increase, rise, go up to, climb
- 減少する，下がる：decrease, reduce, drop, go down
- 一定である，変化がない：no change, remain stable, stay constant, maintain the same level

さらに，グラフの変化の度合いを表現するのに，以下の形容詞や副詞を活用して説明を加えます。

- かなりの，急激な：sharp, sharply, rapid, rapidly, substantial, substantially, significant, significantly, markedly
- 中程度の，徐々に：moderate, gradually
- わずかの：small, slight, slightly, minimal, minimally

4-2　グラフを描写する例文

以下に具体的な例文を記載します。下線部分はそのまま活用してください。

● 図で表す

例文199　<u>The effects of</u> additional incentives listing <u>are plotted in Figure 1</u>.

（リストで挙げている付加的なインセンティブの<u>効果を図１で表している</u>）

● 曲線が示す

例文200　<u>This curve illustrates</u> a <u>stable inverse relationship</u> <u>between</u> the inflation rate <u>and</u> the unemployment rate（<u>Fig</u> 2）.

（<u>この曲線は</u>インフレ率と失業の<u>間の一定の反比例関係を示している</u>：図２）

● 横軸の点線は〜を意味する

例文201　<u>The horizontal dashed line indicates</u> the average cost of living.

（横軸に平行の点線は，平均の生活費を意味する）

● 点Ａは〜を意味する

例文202　<u>The point A indicates</u> the time at which the wage is <u>the highest</u>.

（<u>点Ａは</u>賃金が<u>最も高い点を示している</u>）

● グラフで明らかに下がっている

例文203　<u>The figure makes apparent</u> that marginal tax rates are <u>falling with</u> χ.

（限界税率は χ と<u>共に下がっていることが図で明らかである</u>）

● 急激に増えている

例文204　<u>As seen in the Figure 1</u>, the use of mobile phones <u>increased rapidly</u>.

（<u>図１でわかるように</u>，携帯電話の使用は<u>急激に増加している</u>）

● 一定である

例文205　<u>The figure indicates</u> the price of oil <u>remains stable</u> during the first quarter of the year.

（<u>図でわかるように</u>，その年の第一期の石油価格は<u>一定である</u>）

4-3　表について述べる例文

　図に比べると，表は結果全体をまとめて示すものが多く，表の特定の箇所を本文で詳しく説明することはそれほど多くありません。以下に表に言及する代表的な例文を示します。

● 表の縦列が示す

例文206　<u>Column 1 presents</u> the results from the primary specification.
（表の縦列1に主な仕様の結果を掲載している）

● 表の内容が仮説を支持する

例文207　<u>Table 1 provides</u> descriptive evidence <u>to support Hypothesis 1</u>.
（表1は，仮説1を支持する記述的な証拠を提供している）

● 表の報告内容を説明する

例文208　<u>Table 2 reports ANOVA comparisons of</u> sales growth, market share, and ROI <u>across the three categories</u> of companies. （表2は ANOVA による，販売の増加，市場シェア，ROI の3つのカテゴリーに関する比較の結果を示している）

● 表の示唆を報告する

例文209　<u>Table 3 indicates</u> that lone-founder firms have <u>higher growth than</u> regular public companies （<u>p<.001</u>）. （表3は，個人で起業した会社が，一般の公共企業より成長が早いことを示している：<u>p<.001</u>）

● 表が示す結果を説明する

例文210　<u>As shown in Table 1</u>, both interpersonal communication opportunities and informal meetings <u>positively related to</u> positive relational certainty （p<0.05）. （表1に示すように，相互的なコミュニケーションの機会と，インフォーマルな会議は，ポジティブな関係を確実にすることに，正の相関関係がある）

戦略55

　定型表現で図や表をわかりやすく説明する

5　Move 3　結果の示唆

Result の章の Move 3 では，得られた結果の説明やモデルの提示を行います。主に仮説に関連した結果の示唆，結果のまとめ，モデルの安定性などが中心となります。この際，頻度の高い語彙として suggest, indicate, imply などの動詞の関連語が使われます。以下にそれぞれの代表的な表現を掲載します。

5-1　仮説が支持されたことの示唆

例文211 では分析の結果から仮説を支持する結果が得られ，その示唆を行っています。この文では，仮説2に関しては，必ずしも十分な証拠が得られず，すべてが支持されてはいないことも記載しています。このため will imply というヘッジ表現を使っています。

例文211　These results provided support for Hypothesis 1, and mixed evidence for Hypothesis 2. This will imply that there may be a substantial penalty associated with implementing several projects. （これらの結果は仮説1を支持し，仮説2に対しては部分的で，混在した証拠を提供していた。このことが示唆するのは，いくつかのプロジェクトの実行に伴うかなりのペナルティーがあるかもしれないことであろう）

5-2　仮説が支持されないことの報告

仮説検証の際に立てた帰無仮説を棄却できない場合，内容が支持されたとはいえなくなります。**例文212** では，仮説が支持されなかったことを報告しています。

例文212　We <u>fail to reject the null hypothesis</u> in each case. <u>These results suggest that</u> such models may not be valid. Thus, <u>Hypothesis 2 is not supported</u>.（それぞれのケースにおいて<u>帰無仮説を棄却する</u>ことができない。<u>これらの結果は</u>，それらのモデルが妥当でないかもしれないことを<u>示唆している</u>。<u>このため仮説2は支持できない</u>）

5-3　結果のまとめ

　複数の仮説を検証した結果をまとめ，それらにどのような示唆があるのかを報告する場合があります。**例文213**では，結果のまとめからどのようなことがいえるのか記載しています。

例文213　<u>These findings indicate</u> that cultural variables not only help <u>explain variation</u> in customer behavior but also <u>explain</u> the similarity in marketing responsiveness.（<u>これらの結果は</u>，文化的な因子が顧客の行動の<u>変動を説明する</u>だけでなく，マーケティングに対する反応の共通性も<u>説明している</u>）

5-4　モデルの安定性

　計量経済学の論文などでは，構築したモデルの安定性（Robustness）を確認することがあります。**例文214**は，このようなモデルの安定性に言及したものです。

例文214　<u>The results from</u> our counterfactual analysis <u>suggest that</u> the CEO effect is fairly robust in terms of statistical significance across various model identifying assumptions.（反事実分析<u>による結果</u>，CEOの影響は，仮定を確認するさまざまなモデルにわたる統計的な有意さという観点においてとても安定している<u>と言える</u>）

6　Result のまとめ

　本章で解説した Result の書き方の基本的な枠組みをテンプレートとして図10-1に示しています。Result の章を書く際に，適宜下線の所に必要情報を入れて活用してください。実際の例文では，多くの仮説を設定し，それぞれに結果の報告と示唆を詳細に行います。ここでは，最初の仮説に活用できるテンプレートを示しています。これに沿って残りの仮説に関しても書き続けることが可能となるでしょう。

　まず Move 1 で再度，読者に特定のデータを分析する目的を説明します。前述のように，著者によっては Move 1 を書かずに，結果の報告から始める論文もあります。

　Move 2 では，仮説を検証するための統計手法と，それから導き出される結果を記載します。Move 3 では，その得られた結果の示唆を書きます。この Move 2 と Move 3 は，仮説ごとに続けて書かれることも多く，論文の他の章のように明確に区切られない場合もあります。

　いずれにしても Method の章で明示した分析方法に沿って，仮説ごとに詳細に報告していくことになります。

［図10-1］ Result のテンプレート

Move 1　この章の目的	目的
Our aim is to answer the following question _____ _____.　検証の内容	仮説に沿って何を分析したのか明示

Move 2　分析手法と結果	目的
※Hypothesis 1 was tested using _____.　統計手法を記入	・仮説検証の分析方法
The difference in _____ is significant （$p<.05.$）　分析した変数	・分析結果
Thus null hypoesthesia was rejected and Hypothesis 1 was supportded. ※を仮説ごとに繰り返す	・仮説の支持

Move 3　結果の示唆	目的
The results indicate that _____ _____.	得られた結果の説明やモデルの提示

第**11**章
Discussion（考察）と
Conclusion（結論）の書き方

この章のポイント

☑ Discussion の Move の構築

☑ Discussion の語彙の活用方法

1　Discussion の Move

　Discussion の章において，査読評価基準の 5 原則の「④ 研究の結果に基づいた解釈や結論か」，「⑤ 理論と実践の関係の構築は十分か」の両方の要求に応える必要があります。☞Q2

　査読者は，提出された論文の結果のみで十分に結論を導いているかを確認します。また，論文の中で提示した理論と，研究結果で示された内容とが十分に関連付けられているかを重視します。具体的には，以下の 4 項目が査読者の読むポイントとなります。

1　研究は該当分野にどのような貢献をしたのか

2　研究課題をいかに解決したのか

3　研究の成果からどのような理論的な示唆を得られたのか

4　今後の研究課題はどのようなものか

　これらの 4 つのポイントに応えるために，経済学・経営学のジャーナルにおける Discussion の章は，主に以下の 3 つの Move で構成されています。

Move 1：研究成果のまとめ

　　⑴　研究の背景や課題の再確認

　　⑵　先行研究の課題の補完と結果の強調

Move 2：理論的貢献

　　　⑴　研究成果に基づく示唆

　　　⑵　研究分野への理論的貢献

　　　⑶　実社会への示唆

Move 3：今後の研究への示唆

　　　⑴　研究の限界や問題点（Limitations）

　　　⑵　今後の研究課題

　　　⑶　Conclusion

　それぞれの Move には，特徴的な語彙や定型表現が使われますので，次の2で詳しく見ていきます。

戦略56
査読の4つのポイントに応えるように Discussion を構築

2　Discussion で使用頻度の高い語彙

　論文の他の章と比較したコーパスの特徴語分析によると，Discussion には顕著な語彙の使用法として，主に次のような4つのグループがありました。

1　ヘッジ表現
2　文頭のメタディスコース
3　Move 構築語彙
4　成果強調語彙

　それぞれの特徴語を表11-1から表11-4にまとめています。なお，（　）は実際の使用回数ですので，頻度の高いものから活用していくときの参考になります。

2-1　ヘッジ表現

　表11-1に示したように，この章で使用回数が最も顕著なのは，ヘッジ表現（主張を弱めて防御する表現）です。これはDiscussionが，結果をもとに新たな理論を展開したり，事象の解釈をするということが主な役割となるからです。また，確認できなかった課題を含めて，今後の研究の示唆を行います。これらは，研究で得られた成果を発展させた議論を行うため，主観的な観点が入ります。この主観性を防御するために多く活用するのがヘッジ表現となります。☞Q10

　特に，法助動詞を多く使用し，可能性・確信度をヘッジしたり，今後の示唆を控えめに行います。また，動詞としては，seemやsuggestの関連語が多用され，主張を弱めます。さらに，形容詞や副詞を使い，度合いを弱めたり，あくまで可能性であることを伝えます。

［表11-1］Discussionのヘッジ表現

法助動詞	
可能性・確信度のヘッジ	may（520），might（235），can（428），could（176）
仮定をする	would（209）
示唆を行う	should（160）
動詞とその関連語	
思われる	seem(s)（62）
示唆する	suggest(s)（276），suggested（32），suggesting（33）
形容詞・副詞	
たぶん	perhaps（45）
傾向がある	likely（171）
可能な・可能性	possible（68），possibility（35）
可能性	potential（113）
比較的	relatively（49）

2-2　文頭のメタディスコース

　この章の特徴として，新たな理論や解釈を提示するために，持論を展開していきます。他の章に比べて，書き手の独自の概念や説明の記述が多くなります。これらを実現するためには，表11-2のような文頭のメタディスコースを効果

的に活用し，読みやすさを構築する必要があります。

　先行研究の課題のニッチを再度指摘したり，仮説が立証されない場合などに反意的表現が使われます（However, Although）。また，議論をさらに展開するために付加的表現（Moreover, Furthermore）や，例示を多用していきます（For example）。また，結果に基づく成果を要約して順番で提示するために，時間的表現が有効です（First, Second, Finally）。また，結果に基づきどのようなことが言えるのか明確にするため，因果的なメタディスコースを使います（Thus, Therefore）。結論的なメタディスコースの使用が多くないのは，Discussion とは別に章として Conclusion を設定する論文があるからです。

［表11- 2］ Discussion の文頭のメタディスコース

反意的表現	However (136), Although (103), Despite (21), Yet (19)
付加的	Moreover (51), Further (35), Furthermore (25)
例示	For example (106), For instance (15)
時間的	First (72), Second (63), Third (31), Finally (59)
因果的	Thus (78), Therefore (25)
結論	In summary (4), In conclusion (2)

2-3　Move 構築の語彙

　前述のように，この章では先行研究の理論を踏まえた上で，新たな理論展開を試みることが重要です。このために活用されるのが表11-3に掲載したMove 構築の語彙となります。

　他の章に比べて，Discussion の議論で必須である，先行研究を意味するliterature や理論の関係の語彙が多くなります。また，記述の順番として，研究を行い（research, study, examine, explore），結果を評価し（evaluate），新たな発見を明らかにする（result, reveal）ことになるので，この流れで Moveを構築する語彙が多く使われます。

　さらにその後に，成果を説明し（explanation），示唆や洞察を行う語彙が活用されます（implication, insights）。このことが，事象の理解を深めたり（understand），研究分野への貢献をすることになります（contribution）。最後に，研究の限界を示し（limitation），次の調査課題を提示したり，新たな取

り組みを進めたりします（recommendations）。このように，この章の Move
を構築するのに必須の語彙を多用して記述していきます。

［表11- 3］ Discussion の Move 構築の頻出語彙

先行研究	literature（117）
理論の関連	theory（171），theoretical（65），theorizing（18），theorized（9）
研究・調査	research（500），study（251），studies（114）
検証	examine（65），examining（36）
探究	explore（45），exploration（27）
評価	evaluations（47），evaluate（22）
結果	results（321），outcomes（129）
明らかにする	reveal（22）
説明	explanation（33）
示唆	implication(s)（47）
洞察	insights（53）
概念	perceptions（73）
理解の関連	understand（59），understanding（83）
貢献に関する	contribution（30），contribute(s)（56）
限界	limitation(s)（61）
推薦	recommendations（71）

2-4　成果強調の語彙

　論文の最後に来る章として，研究の成果を最大限に伝える必要があります。
この際に有効なのが，表11-4に示した成果強調のブースター関連の語彙とな
ります。☞Q10

［表11- 4］ Discussion における成果強調の頻出語彙

証拠	evidence（92）
プラスの	positive（178）
否定的な	negative（109）
改善する・より良い	improve（41），improved（19），better（75）
重要関連	important（242），importance（72）
効果・有効性	effect(s)（399），effective（57），effectiveness（48）effectively（17）
影響	impact(s)（156），influence（183）
利益	benefit(s)（88）

　研究で確かめた証拠（evidence）をもとに，仮説が支持されたり（positive），否定的な結果が得られた（negative）ことを記載します。また，研究分野において改善された点や（improve），重要な（important）事項を報告します。さらに，成果の効果や有効性（effect, effective）を伝え，研究分野へのインパクトや影響（impact, influence）を明示します。また研究により示唆される利点など（benefit）も報告します。このように，成果を明確にする語彙が利用されるのが Discussion の特徴といえます。

　以上の頻出語彙が Discussion のそれぞれの Move でどのように活用されるのか，次の3で具体的な例文を見ていきます。

戦略57
Discussion はヘッジ表現やブースター表現で読みやすく

3　Discussion の Move 1：研究成果のまとめ

　前述のように Move 1 では研究成果のまとめを行います。この際の主な下位 Move として，(1) 研究の背景や課題の再確認，(2) 先行研究の課題の補完と結果の強調の2つがあります。著者によっては，(1) を書かずに，(2) から始める論文もあります。

3-1　Move 1-1　研究の背景や課題の再確認
　この下位の Move は，Discussion の初めに，論文の目的を読者に再度確認してもらうために記載します。

●検証内容の確認の例
　例文215 は，In this study, we examined という定型的な表現で始めています。研究の目的が CEO の戦略転換におけるステークホルダーのフィードバックの影響を調べることであった旨を再確認しています。

例文215　In this study, we examined how CEOs revise their strategies in response to the feedback they receive from stakeholders.（この研究で我々は，CEO がステークホルダーからのフィードバックに反応して，いかに戦略を変えるか検証した）

● 目的を再度伝達する例

例文216 では The aim of this paper という明確な表現を使い，研究目的を確認しています。次の文では，より具体的に課題を明示するため Specifically というメタディスコースで始めています。また，we have explored を使い，探求した課題を記述しています。

例文216　The aim of this paper was to evaluate the empirical validity of viral marketing. Specifically, we have explored whether participants make use of information of private third-party recommendations as a reliable resource in decision making.（この論文の目的は，バイラル・マーケティングの実証的な妥当性を評価することであった。特に，個人的な第三者の推薦を，意思決定における信頼できるリソースとして活用しているか探求した）

　以上のような，研究の背景や課題の再確認は，必ずしも行わない書き手もいます。しかし長い論文では，これらを再度記載することは，読者に研究の目的を認識させるのに有効といえます。

3-2　Move 1-2　先行研究の課題の補完と結果の強調

　Discussion の初めのほうで，Introduction の章における Literature Review で確認した先行研究の課題を再度提示します。その上で書き手が，どのようにそれを改善したのか提示すると，**研究の結果を際立たせる**ことになります。

● 先行研究のニッチへの対処の例

　例文217 では，先行研究のニッチであるアジアにおける調査の限界を記載

しています。その後に，論文の成果である，タイやベトナムでの実践例を示し研究の新規性を訴えています。

例文217　　There has been limited research investigating empowering leadership in high-context cultures in Asian countries. The results of the present study suggest that employees tend to make use of the opportunity when empowering leadership is implemented in Thailand and Vietnam. （アジアの国々の高コンテクスト文化における権限移譲を推進するリーダーシップを調査する研究は限られていた。我々の分析結果では，タイやベトナムにおいて，それが実行されれば，従業員はその機会を利用するという傾向が示されている）

● 先行研究とは異なる見解の例

次の **例文218** において，先行研究では，創造的な労働者のネガティブなフィードバックに対する行動に関して，否定的に考えられていた事象を説明しています。ところがこの研究では，むしろそのような対話が，創造性の向上に役立つ可能性があることを示したと述べています。

例文218　　The previous literature has assumed that a creative worker is likely to resist negative feedback from coworkers. Our findings reveal how such feedback interactions could enhance the creativity with information emerging from feedback. （先行研究では創造的な労働者は，同僚からの否定的なフィードバックに抵抗する傾向があると考えられていた。我々の研究結果が明らかにしたのは，そのような対話におけるフィードバックにより得られた情報によって，創造性をいかに向上させるかである）

以上のように Discussion の Move 1 では，Introduction で確認した研究のニッチに再度言及する表現が活用されています。その課題に対して，論文がどのように改善を行ったのか，あらかじめ報告することで，成果にインパクトを与えることができるのです。

戦略58

Discussion で先行研究のニッチに再度言及し結果を強調

4　Discussion の Move 2：理論的貢献

　Move 2 では，具体的な結果をもとに議論を進めていきます。まずは，研究の成果に基づく示唆を述べ，続いてそれが既存の理論にどのように貢献したかを記述します。研究分野によっては，得られた成果が実社会にどのような示唆を与えるのか記載することもあります。経営学のジャーナルでは，Implications for Practice などの節を設けてこれを明記したりします。

4-1　Move 2-1　研究成果に基づく示唆

　ここでは，仮説の検証の結果から得られた成果を報告します。多くは仮説が支持されたことによるものですが，仮説が立証されない場合においても解説を行います。

●仮説の支持による示唆の例

　仮説が支持されたことが，重要な示唆であることを述べる必要があります。 例文219 では，仮説検証で得られた結果が，海外経営の改善における重要な示唆であることを報告しています。

例文219　The current results supported our hypotheses that interaction between giving feedback and developing motivation can be a significant factor in improving overseas management.（この結果は我々の仮説を支持し，フィードバックを与えることと，動機付けを行うことの相互作用が海外経営改善の重要な要因となりえる）

● 研究が示唆する事象の例

　当然のことですが，研究の成果に伴う示唆を明記しておくことは重要です。
例文220では，結果から導き出された，ステークホルダーに対する不明瞭な
点の削除が戦略の実施に重要だという示唆を行っています。

例文220　Thus, one implication of this study is that policy makers should
reduce the ambiguities among stakeholders to implement their
strategies.（このことから研究の1つの示唆は，政策立案者は，彼らの戦略を
実現するために，ステークホルダーたちが不明瞭に思う点を削除しておくべき
である）

● 仮説が支持されない場合の示唆の例

　研究では，すべての仮説が支持されるとは限りません。適切でなかった仮説
が，どのような示唆を与えるのかも明記すべきです。**例文221**では，減税に
関する仮説が棄却されたことを報告しています。このためこの政策が良い影響
を与えるとはいえないとしています。

例文221　Our hypothesis regarding the tax reduction was not supported.
Therefore, this tactic does not seem to have any positive impact on
performance.（その税の削減に関する我々の仮説は支持されなかった。このた
め，この戦術はパフォーマンスに何の良い影響も与えないようである）

4-2　Move 2-2　研究分野への理論的貢献

　Discussion の最も重要な役割として，新たな理論的構築の報告があります。
査読者は，前述の4つの読むポイントに沿って，ここをじっくりと確認します。
大切なのは，結果から得られた理論的な示唆と，それが該当する研究分野にど
のような貢献をしたかという観点です。この際，戦略22で示した，先行研究の
理論モデルに対する3つのチャレンジの観点が有効です。以下に，研究の成果
によって構築された理論の価値を読者に訴求する例文を示します。☞**戦略22**

（p.79）

● チャレンジ1：既存の理論を改善した例

　研究成果によってこれまでの理論を補完し，より有効なものにすることは意義のあることです。**例文222**では，これまでの理論を改善して，より汎用性のあるものにしたという貢献について述べています。

例文222　Therefore, this research contributes to moving further towards a more comprehensive theory of foreign investment in emerging countries.（このように，この研究は新興国への外国投資の理論をより理解しやすい理論へ進めることに貢献している）

● チャレンジ2：先行研究の理論的問題の解決例

　研究分野によっては，特定の課題についてまだ解決を見ていない議論があります。次の**例文223**は，研究成果で提示した新しい理論が，これまでの研究分野における問題点を解決したことを記述しています。

例文223　This new theory could explain the strong momentum effects in national elections which has been recognized as controversial in literature.（この新しい理論は，先行研究では論争となっていた全国選挙における勢いの強さの影響の説明が可能である）

● チャレンジ3：先行の理論との違いの例

　これまでの研究との違いを際立たせることで成果の価値を強調できます。**例文224**は，既存の理論とは異なることを differs from という表現で表しています。その内容に関して，2番目の文で実験により構築したモデルが，具体的に可能にした内容を提示しています。

例文224　Our theory differs from existing accounts of the adaptive content analysis. Our model developed by empirical tests shows how substantial knowledge database in network enables marketers to develop the most relevant strategies.（我々の理論は内容適合分析についての既存の説明とは異なる。我々のモデルは実験的な検査によって構築され，ネットワーク上の大きな知識のデータベースにより，マーケターが最も適切な戦略を構築することが可能になる方法を示すものである）

● 先行理論の具体的課題と改善点の例

　次の **例文225** は，先行研究の理論的主張と問題点を明示した上で，論文で具体的に解決されたことを重要な貢献としています。これまでの課題を再度示すことで，どのような貢献が行われたのか，より明確になります。

例文225　Although previous theories suggest the value of intersection of volunteer and work domains, the direct relationship between volunteering and individual job performance seem to remain unclear. A key theoretical contribution here is that our process model evaluating these relationships helps us to understand specific benefits.（既存の理論はボランティアと職務領域の交わりの価値を示唆しているが，ボランティア活動と，それぞれの仕事の成果の直接の関係はまだ明らかにされていないままと思われる。ここにおける主要な理論的貢献の1つは，これらの関係を評価する我々のプロセスモデルが特定の利益の理解に役立つ）

戦略59

Discussion で研究分野への理論的貢献を明示
👍 理論モデルの3つのチャレンジを活用する

4-3　Move 2-3　実社会への示唆

　「机上の空論」などという言葉があり，アカデミックな世界で構築された理

論は，実社会ではそれほど役に立たないという批判もあります。これらに対処するために，Implications for Practice などの節を設けて，実社会の事象に与える示唆を書く論文もあります。すべての研究分野で必要というわけではありませんが，これを提示すると論文の社会的な貢献が明確になります。

● 実務に必要な活動への示唆の例

　研究の成果によって，実務でどのような活動を行えばよいのか提案することは，社会的に意義のあることです。企業にとって創造的な技術変化とイノベーションは必須で，具体的行動が明確になればとても役に立ちます。**例文226**は，これに関する重要な示唆があることを伝えています。

例文226　<u>Our findings</u> <u>offer several important practical implications for</u> entrepreneurial activities required for creative technical change and innovation in the process of production. （<u>我々の発見は</u>，生産過程における創造的な技術変化と革新に必要な企業活動についての<u>いくつかの重要な実務的な示唆を提供する</u>）

● 実務の価値の理解の例

　企業が日々行っている活動にはどのような価値があり，何の役に立つのかが研究によって明らかにされることは，実務家にとっても貴重なことです。**例文227**は，このような観点から長期に続けているサービスの価値が，顧客基盤を広げる効果がある点を示そうとしています。

例文227　<u>The important practical contribution</u> is that <u>current findings</u> <u>might help</u> managers <u>better understand</u> the effectiveness of long-lasting services for expanding customer base. （<u>我々の重要な実務的貢献は</u>，<u>今回の発見によって</u>，長期にわたるサービスが，顧客基盤の拡大のための効果について，マネージャーが<u>より理解を深めるのを助ける</u>）

5　Discussion の Move 3：今後の研究への示唆と例

　研究では，テーマに関してすべてのことを完璧に立証することは不可能です。特定の状況や，一定の制限のあるデータに基づいた検証をしているからです。このため，当然ながらカバーできないことや，確認できない事象が残ります。また，新たなモデルや理論は，完全なものではなく，今後さらなる事象やデータを用いて検証を続ける必要があります。

　これらの課題を Discussion で明示しておけば，書き手が問題点を認識していることが査読者に伝わります。また，現時点で明らかになった成果を踏まえて，さらに次なる研究課題を示せば，研究分野や後進の研究者への貢献が，より確かなものとなります。

5-1　Move 3-1　研究の限界

　研究の限界には，実験の条件や，データ収集方法，検証できなかった変数の影響などを記載することが考えられます。これらを，限界（limitations）として記載しておくことで，査読者からの指摘をあらかじめ防ぐことが可能となります。

●限界の書き出しの例

　限界の書き出しには，定型の表現が使えます。 例文228 は，今回の発見には，さらなる検証が必要なことを伝えています。

例文228　Given that this type of strategy research is still in its initial stage, further in-depth investigations should be pursued to add to the findings of the present study. (この種の戦略研究はまだ初期段階にあることを考えると，本研究の知見に加えて，さらなる綿密な調査を行うべきである)

●条件の不十分さの例

　実験や調査を行う条件には，常に何らかの制限がかかります。このことを明

示することで，限界があったとしても研究成果には意義があることを訴求できます。**例文229** は，被験者の数と調査期間の短さを認識しており，長期にわたる利点を断言することはできないことを報告しています。

例文229　The current study was conducted with a rather small number of participants within a short period of time. Therefore, it may be difficult to predict whether the advantage of the current job training lasts for a long time.（この研究は，幾分少ない人数の参加者で，短い期間に行われた。このため，この業務訓練の利点が長期間にわたり続くかを予測することは困難かもしれない）

● 含めなかった変数の影響の例

　実験やモデルの構築において，存在するすべての変数を取り入れることは容易ではありません。特にビジネスの現場で集めたデータなどは，実験室で行う研究のように変数を制御することは難しくなります。**例文230** では，ミーティングにおける意思決定の過程で，対話における男女それぞれの特有の役割に関して検証できなかったことを述べています。さらに男女間の差の影響に関して先行研究を引用しています。

例文230　In this study there is no discussion of how the gender of the participants might have affected their decision making processes during the meetings. Given that the gender of participants plays an important role in their interaction（Brown & Lukas, 2005），this limitation must be borne in mind.（この研究においては，ミーティングの間に参加者のジェンダーがどのようにそれらの意思決定プロセスに影響したかを議論していない。参加者の性別は，それらのインタラクションに重要な役割を果たすので（Brown & Lukas, 2005），この制限は心に留めておかれていなければならない）

● データ収集や分析方法の例

　データの収集や分析方法にはさまざまなものがあり，それぞれ利点と欠点が

あります。研究で取り入れた手法の制限を認識していることも，論文の客観性を高めるのに役立ちます。 **例文231** では，質問紙によるデータ収集方法について改善の余地を述べています。

例文231　The available data on leadership depends on the collection method. Hence, it is necessary to combine several assessment methods in order to compensate for problems inherent in the questionnaire method.（リーダーシップに関する利用可能なデータは，収集方法によって異なる。したがって，アンケート方法に特有の問題を補うため，いくつかの評価方法を組み合わせる必要がある）

5-2　Move 3-2　今後の研究課題

　論文における研究の限界を示した上で，次に行うべき研究課題を示唆します。この際，ヘッジをうまく活用して，あくまで提案であることを伝えます。いくつかの具体例を見てみましょう。

● 研究課題の示唆の書き出しの例

　今後の課題についての記述が始まることを，定型的な表現で読者に伝えることができます。 **例文232** は典型的な書き始めの英文となります。

例文232　There are a number of implications of our theory and potential ways for future work.
（我々の理論と将来の研究の方法には多くの示唆がある）

● 提案した理論やモデルの汎用性の検証の例

　論文で構築した理論やモデルの汎用性を，他の状況においても確認していく必要を伝えるのは，一般的な示唆となるでしょう。 **例文233** では，論文で提案したモデルが，新興国の子会社の代表にも活用できるか，今後検証することを提案しています。

例文233　It would be interesting to see whether this kind of model could be used for subsidiary directors in emerging countries.（<u>このようなモデルが</u>，新興国の子会社の代表者にも<u>活用できるのか確かめることは興味深いであろう</u>）

●検証できなかった課題に関する例

　取り扱った研究領域において確認できなかった課題について，今後の検証を記載しておけば，後進の研究者の研究に対する貢献となります。**例文234**は Another vital area of future research という定型表現を使って，このことを告げています。

例文234　Another vital area of future research should focus on dealers' adaptation to the growing scale of derivatives markets.（<u>将来の研究に関する別の必須の分野として</u>，ディーラーのデリバティブ市場の拡大規模への適合に<u>注目すべきである</u>）

戦略60
Discussion で研究の限界や今後の研究課題を示唆する

5-3　Move 3-3　Conclusion

　まとめとして，最後に Conclusion の節を設ける著者もいます。これは，簡単に論文の内容を要約するもので，必ずしも書く必要はありません。研究分野の重要性や先行研究のニッチを指摘した後に，論文の成果を一言でまとめます。

　書き方としては，本章で示した，Discussion の Move 1 の研究成果のまとめと，Move 2 の理論的貢献をそれぞれ要約することになります。Conclusion の最後に，Cannella, Jones and Withers（2014）による，次のような結語を使うと効果的になります。

"In spite of the limitations, we are encouraged by the results and believe that our conclusions could be generalized to other large, public corporations". (p.455)（限界にもかかわらず，この結果によって推奨され，我々の結論が他の大きな公的企業にも一般化できることを信じている）

6　Discussion のまとめ

　Discussion の書き方の基本的なテンプレートを図11-1 に掲載しています。適宜，下線の所に必要な情報を入れて活用してください。ここに提示した内容をすべて書く必要はありませんが，研究成果のインパクトが伝わるように工夫してください。

　まず Move 1 で，研究の意義と主な成果を伝えると，この章が読みやすくなります。

　この章で最も大切なのが Move 2 の理論的貢献です。このテンプレートには最小限のことしか記載していませんが，皆さんの成果に基づき，より詳しく書いてください。ポイントは，Introduction の章で引用した，**これまでの主要な先行研究に言及することです**。そして，それらが提示した理論やモデルに対して，**どのようにチャレンジできた**のかを明示します。具体的には，**戦略22（p.79）** で示した，既存の理論やモデルに対する**3つのチャレンジ**，さらなる発展，弱点の補強，異なる理論の提示といった内容です。

　さらに可能であれば，新たに提示した理論やモデルが，いかに実社会に役立つのかを示唆することも効果的です。

　最後の Move 3 では，今後の研究への示唆を行います。まずは，実施した研究の限界に対する認識を示します。その上で，今後行うべき大切な研究課題を提示することで研究分野への貢献が明らかになります。

　このように，**Discussion は，論文の Introduction, Method, Result の各章で記載したことに再度言及**して成果をまとめ，研究報告の一貫性を構築するのです。

戦略61

Discussion で論文の各章に再度言及し一貫性を構築

［図11-1］ Discussion のテンプレート

Move 1　研究成果のまとめ	目的
The aim of this paper was to evaluate ＿＿＿＿＿＿. 　　　　　　　　　　研究課題	検証内容の確認
There has been limited research investigating ＿＿＿＿＿ ＿＿＿＿＿＿＿＿＿＿＿＿＿＿＿＿＿＿＿＿＿＿＿＿. 　　　　　　先行研究のニッチ	先行研究の課題
The results of the present study suggest that ＿＿＿＿＿ ＿＿＿＿＿＿＿＿＿＿＿＿＿＿＿＿＿＿＿＿＿＿＿＿. 　　　　　　　結果の示唆	補完と結果の強調

Move 2　理論的貢献	目的
The current results supported our hypotheses that ＿＿＿＿＿＿＿＿＿＿＿＿＿＿＿＿＿＿＿＿＿＿＿＿. 　　　　　　　示唆する内容	仮説が支持されたことの示唆
This new theory could explain ＿＿＿＿＿＿＿＿＿＿＿. 　　　　　　理論が明らかにしたこと	理論的貢献
The important practical contribution is that ＿＿＿＿＿＿ ＿＿＿＿＿＿＿＿＿＿＿＿＿＿＿＿＿＿＿＿＿＿＿＿. 　　　　　　実務に役立つこと	実務的示唆

Move 3　今後の研究への示唆	目的
There are some limitations in this paper. For example ＿＿＿＿＿＿＿＿＿＿＿＿＿＿＿＿＿＿＿＿＿＿＿＿. 　　　　　　　限界例	限界の明示
Future research should focus on ＿＿＿＿＿＿＿＿＿＿＿ ＿＿＿＿＿＿＿＿＿＿＿＿＿＿＿＿＿＿＿＿＿＿＿＿. 　　　　　　　新たな観点	今後の研究課題
Also it would be interesting to see ＿＿＿＿＿＿＿＿＿＿＿ ＿＿＿＿＿＿＿＿＿＿＿＿＿＿＿＿＿＿＿＿＿＿＿＿. 　　　　　　　他の課題	その他の研究課題

第12章

Abstract の書き方

この章のポイント
- ☑ Abstract のまとめ方
- ☑ Abstract の語彙の活用方法

1　Abstract のまとめ方

　ジャーナルの編集者や査読者が最初に読むのが Abstract となります。ここで研究の要約を端的に伝えることがとても重要なので，本章で解説していきます。ポイントはできるだけ短く，わかりやすく書くことです。研究の内容を正確に反映できるように，**論文を書き終えた後にまとめることになります**。Abstract の分量や，書き方には一定のルールがあります。

1-1　分量の目安

　経済学・経営学分野のジャーナルを分析した結果，Abstract は少ないもので4文からなる84ワード，長いもので11文の224ワードでした。平均すると**6文程度で130から150ワード**でまとめられています。ただし，ジャーナルによっては字数制限があるので，各自分量は規程をよく確認してください。そして，ジャーナルの編集者や査読者などの読者が，最初に読むということを意識して，略語や極度の専門用語の使用は避けましょう。

1-2　Abstract の Move

　論文全体の要旨を6文程度でまとめるのは難しく思われるかもしれません。しかし，以下のような Abstract の Move を考えれば，比較的容易にまとめることができます。

Move 1　目的：Introductionのまとめ

Move 2　分析手法：Methodのまとめ

Move 3　結果：Resultのまとめ

Move 4　考察：Discussionのまとめ

　このように，執筆した論文のIMRDに沿ってまとめていけばよいのです。例えば，まずはMove 1からMove 3に該当する，それぞれの章を1〜2文でまとめてみます。最後にDiscussionの章を2〜3文でまとめると，目安のワード数と文数になります。

> **戦略62**
>
> 論文のIMRDのそれぞれを要約してAbstractにまとめる

2　Abstractで使用頻度の高い語彙

　Abstractのコーパスは他の章に比べてサイズは小さいのですが，使用頻度の高い語彙には特定のものがあります。論文の他の章に比べて頻度の高い特徴語の名詞を表12-1に，同じく動詞の関連語彙を表12-2にまとめています。（　）内はコーパスにおける使用回数となりますので，数の多いものから活用するための目安にしてください。

2-1　名　詞

　表12-1に掲載しているように，名詞の使用法には顕著な特徴があります。文の最初は，人を主語とする場合は，WeやThe authorsで書き始める文が多くなります。また，同様にThis article, This study, This researchと無生物の主語で始めることも可能です。さらにこれらを組み合わせて，In this study we…と始めることもあります。

　次に，論文で構築した理論（theory）やモデル（model）に言及することもあり，これらの語彙が多く使われます。

［表12-1］ Abstractで使用頻度の高い名詞

名詞の活用法	名詞	意味
文頭に活用	We（87）, we（58） The authors（35） This（41）, this（42） article（21） study（24）, research（30）	我々 著者たち この 論文 研究
理論・モデルの言及	theory（39）, theories（8） model(s) 80	理論 モデル
結果や示唆	findings（17） evidence（13） performance（39） implications（13） application(s)（12）	発見 証拠 実績 示唆 応用

　また，Abstractでは，必ず結果の報告や示唆を行う必要があります。このため，発見（finding），証拠（evidence），実績（performance）などが必須の語彙となります。成果がもたらす示唆（implications）や，応用（application）も多用されることになります。

2-2　動詞の関連語

　表12-2にAbstractで使用頻度の高い，動詞の関連語彙をまとめています。この表でわかるように，Move 2のMethodの要約で活用する，分析（analyze），調査（examine, investigate），検証（test, identify）の方法の報告に使う語彙が多くなります。また分野によっては，モデルの構築（develop）が重要となります。

　さらに，Move 3のResultの要約で活用する，結果の報告に関する語彙が使われます。これらは，find, show, suggest, propose, revealなどです。また，結果を強調する意味でhighlightという動詞を使うこともあります。

　それでは，次の3でこれらの語彙を使うMoveごとの例を見ていきましょう。

［表12-2］ Abstractで使用頻度の高い動詞の関連語彙

動詞関連の活用法	動詞	意味
分析・調査・検証	analyze（6）	分析する
	examine（13）	調査する
	investigate（7）	調査する
	test（16）	検査する
	develop（11）	構築する
	identify（9）	特定する
	using（9）	使う
結果・成果の報告	find（30）	見つける
	show（27）	提示する
	suggest（11）	示唆する
	propose（11）	提案する
	reveal（5）	明らかにする
	highlight（8）	強調する

3　AbstractのMoveと例

　これまで確認したように，Abstractでは端的に短く必須の内容を報告します。このために，Moveごとに定型の表現が多く使われます。それぞれの代表的な表現を以下にまとめています。

3-1　AbstractのMove 1：研究の目的

　ここでは，Introductionで提示した研究の目的を1文程度で明確に述べます。例文235では，This study investigatesで始めて，端的にその研究で調査する内容で書き始めています。例文236は，The purpose of this article is to exploreという定型表現で論文の目的を最初に明確にしています。

例文235　This study investigates how context highlights accountability in financial crises.（この研究はコンテクストがどのように金融危機における説明責任に影響を与えるかについて調査する）

例文236　The purpose of this article is to explore theory building in the social sciences and management philosophy.（この論文の目的は，社会科学

と経営哲学における理論の構築を探究することだ)

3-2　Abstract の Move 2：研究手法

　ここでは，Method の章で解説した主要な検証方法を記載します。複数の方法を活用した場合は，それぞれを記述します。**例文237** において，具体的な方法として，談話分析を用いて録音データを分析したことを述べています。**例文238** は，論文の目的であるモデルの構築方法について記載しています。

例文237　We examine the conditions under which subjects playing the role of facilitators during important executive meetings by using discourse analysis on recorded data. (我々は，録音データのディスコース分析を使って，重要な重役会議においてどのような条件で，被験者が進行役を務めるのかを調査する)

例文238　We develop a directed search model with identical employees where companies can create high productivity jobs. (我々は企業が高い生産性のある業務を生み出す際における，従業員を特定する直接調査モデルを構築する)

3-3　Move 3　結果：Result のまとめ

　ここでは，主要な成果を要約して読者に伝えます。**例文239** は，バイラル・マーケティングの新たなデータを使い，口コミが若い消費者に与える影響を解明したことを報告しています。次の **例文240** では，危機に対する態度の多様性と，長期にわたってそれらがどのように増加するのかを明らかにしたことを記載しています。

　なお，Abstract の時制として現在形を活用すれば，より新しい成果という印象を与えます。

例文239 <u>Using</u> new data on the viral marketing, <u>we provide new evidence how</u> the function of word-of-mouth <u>has</u> a significant <u>effect on</u> young consumers. （バイラル・マーケティングの新しいデータを<u>使って</u>，口コミの機能が<u>どのように</u>若い消費者に重要な<u>影響を与えるのか</u>，新しい証拠を<u>提供する</u>）

例文240 <u>We find</u> some variation in risk attitudes and how those attitudes could increase in public sectors. （<u>我々は</u>危機に対する態度のいくつかのバリエーションと，そのような態度がどのようにして公共機関で増加するのか<u>見つける</u>）

3-4　Move 4　考察：Discussion のまとめ

　Abstract の最後に論文の成果を明示し，読者への研究の示唆を記載すると，本文を読む気にさせます。このために，執筆した論文の Discussion を効果的にまとめる必要があります。**例文241** は結果の示す，製品の欠陥に関する精密な情報の開示が，顧客の支持を得ることを伝えています。**例文242** では，国際税制の研究分野における，企業の吸収・合併に関する，新たな理論を構築するための方向性を示すと述べています。

例文241 <u>Our results indicate that</u> sending precise information about product deficiencies could enhance customer loyalty. （<u>我々の分析結果は</u>，製品の欠陥について精密な情報を送ることが顧客のロイヤリティを改善する可能性を<u>示唆している</u>）

例文242 <u>We provide directions for future research</u> to creating new theories for international taxation on mergers and acquisitions. （我々は吸収合併における，国際課税の新しい理論を構築する<u>将来の研究の方向性を提供する</u>）

4　Abstract のまとめ

　図12-1に Abstract の基本的なテンプレートを掲載しています。下線の所

に必要な情報を入れて活用してください。読者が内容をすぐに把握できるように
にわかりやすく工夫してください。

　Abstract の Move 1 では，Introduction の章で示した研究の目的を端的に
記載します。次に Move 2 において，Method の章で示した研究手法やモデル
の構築方法を記述します。Move 3 では，Result で示した主要な結果をまとめ
ます。最後の Move 4 で理論的な示唆や，今後の研究への貢献を書いておきま
す。

［図12-1］ Abstract のテンプレート

Move 1　研究の目的	目的
The purpose of this article is to explore ＿＿＿＿＿＿＿ ＿＿＿＿＿＿＿＿＿＿＿＿＿＿＿＿＿＿＿＿＿＿＿＿＿＿. 論文の目的	研究目的の明示

Move 2　研究手法	目的
・データ分析の場合 We examine ＿＿＿＿＿＿＿＿＿＿＿＿＿＿＿＿＿＿＿ 研究の対象	研究手法の提示
by using ＿＿＿＿＿＿ analysis on ＿＿＿＿＿＿＿. 分析方法　　　　　　　　　　データ	データ分析法確認
・モデル構築の場合 We develop ＿＿＿＿＿＿ model ＿＿＿＿＿＿＿. モデルのタイプ　　　　モデルの内容	モデル構築法確認

Move 3　Result のまとめ	目的
We find ＿＿＿＿＿＿＿＿＿＿＿＿＿＿＿＿＿＿＿＿＿. または The authors provide the evidence ＿＿＿＿＿＿＿.	研究結果のまとめ

Move 4　Discussion のまとめ	目的
Our results indicate that ＿＿＿＿＿＿＿＿＿＿＿＿＿.	成果の研究分野への示唆

チャレンジ問題 解答

チャレンジ問題1

次のように最初の文を It 構文に変えると読みやすくなる。It から始めると，1文目の「先行研究」が後ろにずれるので，2文目の文頭にある「それらの研究」と結束し読みやすくなる。

It is important to draw attention to several limitations of <u>the previous literature on strategy implementation</u>.

 新規

Those studies tend to ignore how managers could ensure that the plan is on
既知

track.

チャレンジ問題2

以下のように these items を含む節を前に持ってきたほうが，前文の文末の情報と結束する。なお，この例では接続詞を As に変えている。

ABC started selling some items at reduced prices. <u>As these items were not what their regular customers wanted</u>, the company decreased its sales in the market.

チャレンジ問題3

Muji is now recognized as <u>a</u> leading international brand but it was originally developed as <u>an</u> exclusive brand for <u>the</u> Seiyu supermarket chain in <u>the</u> early 1980s.

brand は可算名詞でこの場合は，ブランドの1つなので a を付ける。同じく exclusive brand も同様に不定冠詞の an を付ける。the early 1980s は特定の時代なので同じく定冠詞が付く。

チャレンジ問題4

It can be said that <u>the</u> influence of educational qualifications on earnings <u>is</u> greater for women than for men.

　主要部 influence の後ろに来る of 以下の情報が限定しているので定冠詞 the を付ける。主要部の influence が単数なので be 動詞を一致させ is に修正する。

チャレンジ問題5

<u>Department stores</u> may <u>copy</u> <u>rivals'</u> branding decisions. <u>Some</u> **retailers** attempt to maintain their relative <u>competitive</u> position. **Others** prevent **competitors** from leading the race. Moreover, **imitation** may give them legitimacy in the eyes of stakeholders.

　1文目の Department stores と2文目の retailers が上位語で結束
　1文目の copy と4文目の imitation が類義語で結束
　1文目の rivals と3文目の competitors が類義語で結束
　2文目の Some と3文目の Others が比較語で結束
　2文目の competitive と3文目の competitors が派生語で結束

チャレンジ問題6

According to the United Nations World Tourism Organization, the number of tourists <u>could</u> reach <u>approximately</u> 1.4 billion internationally. However,

　ヘッジ：理論的には可能　　ヘッジ：近似詞でぼかしている

it <u>may not</u> be totally good news. The increase of visitors <u>can</u> lead to

　ヘッジ：主観的にない可能性を示している　　ヘッジ：客観的な可能性

<u>significant</u> environmental damages.

　ブースター：重要な

チャレンジ問題7

1　<u>Richard（2017）</u> recognizes the importance of qualitative data analysis in the field of labor motivation.

2　The importance of qualitative data analysis in the field of labor motivation is identified （Richard, 2017）.

　1では，Richard（2017）の「労働者の動機付け分野における質的検証の重要性を示した研究」の内容が，著者の論文における主要テーマと関連していることを示している。2では，その重要性は関連領域で認識され，その客観的な証拠としてRichardの2017年の研究を引用している。

おわりに

　筆者が国際学会に参加したとき少し残念なのは，日本人研究者の発表が比較的少ないことです。新規の発想や，研究能力はかなり高いのに，英語で書くトレーニングが十分でないために不利な状況にあるのではないでしょうか。筆者が現在在籍しているオックスフォード大学でも状況は同じで，世界から集う研究者の発表力には圧倒されます。

　問題は，日本の大学には学術発表に関する戦略が不足しているように思われます。研究の手法の向上や新たな発見はもちろん重要ですが，最後に論文として発表しないと成果として認められません。特に，今や英語による論文執筆能力は社会科学分野では必須です。

　オックスフォード大学には Language Centre があり，一流の教授陣が専門的に Academic Writing を指導しています。論文執筆法は，英語のネイティブにとってもそれほど容易なことではなく，ある程度体系的に学ぶ必要があります。このため戦略的にシステムとして論文を出版するためセミナーなどを設けています。筆者も，こちらの大学院生や研究者向けにワークショップを行い協力させていただきました。

　さて，日本の大学の社会科学系学部において，英語論文執筆のためのシステムを戦略的に構築しているところは少ないのではないでしょうか。研究成果を出すためには，研究そのものだけでなく，アウトプットとしての発表力の構築にも，もう少し力を注いでもよいと思われます。

　本書の前半は，これまで行ってきたセミナー，ワークショップや講義で参加者の方から多く寄せられた質問をもとに執筆しています。少し僭越かもしれませんが，日本の英語による研究発表を促進する活動を，現在他の研究者の方々と協力して進めています。もし，少しでもお役に立ちそうなことがあれば，お気軽にご連絡ください。

　なお，本書は英語論文の初級の学習者を対象に基礎的なことからまとめてい

ます。すでに上級レベルで，英語論文を頻繁に書かれている方には十分ではないと思われます。今後の改善点などございましたら，ご教示いただければ幸いです。

　最後に，本書の内容に貴重なコメントをいただいた青山学院大学の須田敏子教授に感謝申し上げます。

2020年3月　　　　　　　University of Oxford, Department of Educationにて

著　者

[参考文献]

Albert A. Cannella, Carla D. Jones and Michael C. Withers (2014) Family- versus Lone-Founder-Controlled Public Corporations: Social Identity Theory and Boards of Directors. *The Academy of Management Journal,* 58-2, 436-459.

Benjamin R. Handel (2013) Adverse Selection and Inertia in Health Insurance Markets: When Nudging Hurts. *American Economic Review,* 103-7, 2643-2682.

Deborah Goldschmidt and Johannes F. Schmieder (2017) The Rise of Domestic Outsourcing and the Evolution of the German Wage Structure. *The Quarterly Journal of Economics,* 132-3, 1165-1217.

Heather Berry (2015) Knowledge Inheritance in Global Industries: The Impact of Parent Firm Knowledge on the Performance of Foreign Subsidiaries. *Academy of Management Journal,* 58-5, 1438-1458.

Hugh Gosden (1993) Discourse Functions of Subject in Scientific Research Articles. *Applied Linguistics,* 14, 56-75.

Robert N. Eberhart and Charles E. Eesley (2018) The Dark Side of Institutional Intermediaries: Junior Stock Exchanges and Entrepreneurship. *Strategic Management Journal,* 39, 2643-2665.

Spencer H. Harrison and David T. Wagner (2016) Spilling Outside the Box: The Effects of Individuals' Creative Behaviors at Work on Time Spent with Their Spouses at Home. *Academy of Management Journal,* 59-3, 841-859.

[著者関連の参考文献]

1．中谷安男（2019a）「英文ビジネスレターにおける効果的なライティング・ストラテジー：コーパス分析による検証」『国際ビジネスコミュニケーション学会研究年報』78, 3-10.

2．中谷安男（2019b）「英文エッセイの自動レベル判定システムと手動採点結果の比較検証：CEFR-Jライティング・テストタスク構築のための予備調査」『経済志林』87/1・2, 21-50.

3．中谷安男（2019c）「経済・経営国際ジャーナル論文のイントロダクションのコーパス分析：メタディスコースなどによるムーヴ構築方法の検証」『経済志林』

86/3・4, 207-230.

4．中谷安男（2018a）「社会科学，人文科学，自然科学分野の国際ジャーナルにおける考察の章の分析：緩衝表現ヘッジの検証」『経済志林』86/2, 87-114.

5．Nakatani, Y.（2018）Exploring goals for business writing strategy training. *Global Conference on Business and Finance Proceedings,* 13/2, 27-31.

6．中谷安男（2018b）「グローバル・ビジネスにおけるライディング・ストラテジー使用の検証」『経済志林』85/4, 699-725.

7．Nakatani, Y.（2017a）Exploring writing strategies for guiding readers: The use of metadiscourse in CEFR-based textbooks. *International Journal of Management and Applied Science,* 3-11, 14-17.

8．Nakatani, Y.（2017b）The applicability of emotional intelligence through CEFR towards enhancing cooperative teaching and self-learning in Japan. *WWA Journal,* 6, 18-30.

9．中谷安男（2017a）「学術論文における結果報告の検証：社会科学，人文科学，自然科学分野の国際ジャーナルの分析」『経済志林』85/1, 77-103.

10．中谷安男（2017b）「ビジネスパーソンの英語プレゼンテーションにおけるコミュニケーション・ストラテジーの検証」『国際ビジネスコミュニケーション学会年報』76, 3-12.

11．中谷安男（2016a）「ビジネスパーソンの英語プレゼンテーション・コーパス分析：CEFR上位者の目標設定に向けて」『国際ビジネスコミュニケーション学会年報』75, 13-31.

12．中谷安男（2016b）『大学生のためのアカデミック英文ライティング：検定対策から論文執筆まで』大修館書店。

13．Nakatani, Y.（2015）Effective oral presentations by business people in TED: Implications for developing CEFR can-do lists. *International Journal of Conceptions on Management and Social Sciences,* 3/4, 81-83.

14．中谷安男（2014）「CEFRの上位者のビジネスコミュニケーション・ストラテジーの検証：英語活用社員の検証」『国際ビジネスコミュニケーション学会研究年報』73, 25-34.

15．Nakatani, Y.（2010）Identifying strategies that facilitate EFL learners' oral communication: A classroom study using multiple data collection procedures. *The Modern Language Journal,* 9.4/1, 116-136.

[**参考図書**]

・英文エッセイの基礎を学びたい方へ

中谷安男（2016）『大学生のためのアカデミック英文ライティング：検定対策から論文執筆まで』大修館書店。

・論文執筆のための統計を基礎から学びたい方へ

寺内正典・中谷安男（2012）『英語教育学の実証的研究法入門：Excelで学ぶ統計処理』研究社。

索　引

英文

さ行

[著者紹介]

中谷 安男 （なかたに　やすお）

　法政大学経済学部教授
　専門：Business Communication, Academic Writing
　慶應義塾大学経済学部卒業
　米国ジョージタウン大学大学院英語教授法資格
　豪州マッコーリー大学大学院修士号取得
　英国バーミンガム大学大学院博士号取得
　オックスフォード大学客員研究員
　*Journal of Business Communication*及び*Applied Linguistics*主要ジャーナル査読委員
　University College of London, EPPI-Centre Systematic Review 社会科学分野担当
　豪州University of Queensland，ニュージーランドMassey University博士課程外
　部審査委員
　著書に，*Global Leadership：Case Studies of Business Leaders in Japan*（共著，金
　星堂），『英語教育学の実証的研究法入門：Excelで学ぶ統計処理』（編著，研究社），
　『大学生のためのアカデミック英文ライティング：検定対策から論文執筆まで』（大
　修館書店）他多数。

経済学・経営学のための英語論文の書き方
■アクセプトされるポイントと戦略

2020年 7 月 1 日　第 1 版第 1 刷発行	著　者　中　谷　　安　男
2021年11月20日　第 1 版第 5 刷発行	発行者　山　本　　　継
	発行所　㈱中　央　経　済　社
	発売元　㈱中央経済グループ 　　　　パ ブ リ ッ シ ン グ

　　　　　　　　　　　　　　　　　　　〒101-0051　東京都千代田区神田神保町 1-31-2
　　　　　　　　　　　　　　　　　　　　　　　電話　03 (3293) 3371 (編集代表)
　　　　　　　　　　　　　　　　　　　　　　　　　　03 (3293) 3381 (営業代表)
　　　　　　　　　　　　　　　　　　　　　　　https://www.chuokeizai.co.jp
ⓒ 2020　　　　　　　　　　　　　　　　　　　印刷／㈱堀 内 印 刷 所
Printed in Japan　　　　　　　　　　　　　　製本／㈲井 上 製 本 所